# Fale Tudo em Espanhol em viagens!

Veja como acessar o áudio p. 176

CECÍLIA BLASCO
PROJETO E COORDENAÇÃO EDITORIAL: JOSÉ ROBERTO A. IGREJA

# Fale Tudo em Espanhol em viagens!

UM GUIA COMPLETO PARA COMUNICAÇÃO EM VIAGENS

4ª REIMPRESSÃO

© 2009 Cecília Blasco e José Roberto A. Igreja

**Projeto e coordenação editorial**
José Roberto A. Igreja

**Preparação de texto**
Pedro Carvalho / Verba Editorial

**Revisão de texto**
Juliane Kaori

**Capa e projeto gráfico**
Paula Astiz

**Editoração eletrônica**
Regina Hirata / Paula Astiz Design

**Ilustrações**
Carlos Cunha

**Fotos de capa**
© Corbis/LatinStock

**Áudio**
Locutores: Andrea Nora Pizzutiello, Marcelo Augusto Henríquez Mendel, Martín Ernesto Russo
Produtora: jm produção de áudio

Dados Internacionais de Catalogação na Publicação (CIP)
(Câmara Brasileira do Livro, SP, Brasil)

Blasco, Cecília
 Fale tudo em espanhol em viagens! / Cecília Blasco. – Barueri, SP : DISAL, 2009.

 ISBN 978-85-7844-007-7

 1. Espanhol – Estudo e ensino – Estrangeiros 2. Viajantes I. Título. II. Série.

09-00418                                                                 CDD-460.7

Índice para catálogo sistemático:
1. Espanhol para viajantes : Estudo e ensino 460.7

Todos os direitos reservados em nome de:
Bantim, Canato e Guazzelli Editora Ltda.

Alameda Mamoré 911, sala 107, Alphaville
06454-040, Barueri, SP
Tel. / Fax: (11) 4195-2811
Visite nosso site: www.disaleditora.com.br
Televendas: (11) 3226-3111
Fax gratuito: 0800 7707 105/106
E-mail para pedidos: comercialdisal@disal.com.br

Nenhuma parte desta publicação pode ser reproduzida, arquivada ou transmitida de nenhuma forma ou meio sem permissão expressa e por escrito da Editora.

# Sumário

**Apresentação** 9

**1. Primeiros Contatos** 13

Saudações p.13
Despedindo-se p.14
Apresentando-se p.14
Pedindo informações pessoais p.15
Perguntas e frases úteis p.16
Expressões usuais p.17
Diálogo: Como está o tempo hoje? p.19
Falando sobre o tempo p.19
A previsão do tempo p.20
O tempo: como você se sente p.21
Ruídos na comunicação p.21
O alfabeto: como pronunciar p.22
Diálogo: Você pode soletrar por favor? p.23

**2. Aeroporto & Avião
e outros meios de transporte** 25

Diálogo: Fazendo o check-in no aeroporto p.25
No aeroporto: frases do atendente de check-in p.26
No aeroporto: frases do passageiro p.27
No aeroporto: perguntas do funcionário da alfândega p.28
Passando pela alfândega: respostas do visitante p.28
No aeroporto: Vocabulário & Expressões em Uso p.29
No avião: frases da tripulação p.32

No avião: frases do passageiro  p.34
Indo do aeroporto ao hotel  p.35
Dica legal 1: Meios de transporte  p.36
Dica legal 2: Pegando o ônibus  p.37
Pegando um táxi  p.37
Diálogo: Alugando um carro  p.38
Alugando um carro: frases do atendente da locadora  p.38
Alugando um carro: frases do turista  p.39
No posto de gasolina  p.41
Problemas com o carro  p.42
Viajando de carro: Vocabulário & Expressões em Uso  p.43
Placas de trânsito comuns em países de língua espanhola  p.46
Glossário temático: O automóvel  p.51

## 3. Acomodação e Hospedagem  53

Fazendo reserva em um hotel por telefone  p.53
Dica legal 3: Motéis  p.54
Tipos de acomodação e instalações  p.54
Fazendo o check-in no hotel  p.55
No hotel: serviço de quarto  p.56
No hotel: problemas no quarto  p.57
Diálogo: Problemas com o ar-condicionado  p.58
No hotel: pedidos e necessidades  p.58
No hotel: fazendo o check-out  p.60
Pedindo indicação de caminho  p.61
Diálogo: Pedindo indicação de caminho  p.62
Indicando o caminho  p.62
Ligações telefônicas: pedindo ajuda à telefonista  p.63
Ligações telefônicas: frases usuais  p.64

## 4. Alimentação  67

Diálogo: Procurando um lugar para comer  p.67
Procurando um lugar para comer: frases comuns  p.68
Dica legal 4: Modalidades de restaurantes  p.68
Chegando ao restaurante  p.69
No restaurante: pedindo o cardápio  p.69
No restaurante: frases do garçom  p.70
No restaurante: fazendo o pedido  p.70
No restaurante: pedindo bebidas  p.71
No restaurante: outros pedidos e comentários  p.72
Comentários ao final da refeição  p.73

Dica legal 5: Gorjetas  p.74
Diálogo: Na lanchonete  p.74
Cardápios  p.75
Glossário temático: Alimentação  p.82
Dica legal 6: Café-da-manhã no México  p.76

## 5. Atrações Turísticas & Lazer e Diversão  89

Diálogo: Que lugares devemos visitar?  p.89
Planejando um passeio turístico pela cidade  p.90
Fazendo um passeio turístico pela cidade  p.90
Placas comuns em países de língua espanhola  p.91
Glossário temático: Lazer e diversão  p.93
Lazer e diversão: Vocabulário & Expressões em Uso  p.95

## 6. Fazendo Compras  99

Diálogo: Na loja de calçados  p.99
Comprando roupas e calçados: frases do balconista  p.100
Comprando roupas e calçados: perguntas do cliente  p.101
Comprando roupas e calçados: comentários do cliente  p.102
Fazendo compras no supermercado  p.103
Fazendo compras: Vocabulário & Expressões em Uso  p.103
Reclamando de algo que você comprou  p.105
Glossário temático: Roupas e calçados  p.106
Câmbio: trocando dinheiro  p.107
Dinheiro: Cédulas e moedas usadas nos países de língua espanhola  p.108
Lojas e serviços: frases usuais  p.113
No correio: frases usuais  p.113
Glossário temático: Lojas e serviços  p.115
Fazendo compras na farmácia  p.115
Glossário temático: Artigos de farmácia  p.116

## 7. Saúde e Emergências  119

Diálogo: Uma consulta médica  p.119
Uma consulta médica  p.120
Dizendo ao médico como você se sente  p.121
Glossário temático: Corpo humano & Sintomas  p.124
Uma consulta dentária  p.126
Glossário temático: No dentista  p.126
Emergências: frases úteis  p.127
Glossário temático: Emergências  p.128

**Diálogos Traduzidos** 129

**Glossário Português-Espanhol** 133

**Glossário Espanhol-Português** 151

**Bandeiras de Alguns
Países Hispanofalantes** 171

**Guia do Áudio: Faixa e Página** 173

**Como acessar o áudio** 🎵 176

# Apresentação

Bem-vindo a *Fale Tudo em Espanhol em Viagens!* Você tem em mãos um guia útil e prático que vai auxiliá-lo na comunicação em viagens de negócios ou lazer a países de língua espanhola. O conteúdo deste guia foi cuidadosamente planejado tendo em vista as variadas situações vivenciadas por aqueles que precisam se expressar no idioma espanhol em viagens e inclui:

- No aeroporto: fazendo o check-in e passando pela alfândega
- No avião: frases usuais da tripulação e dos passageiros
- Transporte: pegando um táxi; alugando um carro; no posto de gasolina
- Acomodação, hospedagem e alimentação
- Atrações turísticas, lazer e diversão
- Fazendo compras
- Ligações telefônicas
- Saúde e emergências

## Perguntas e frases usuais

Seja em hotéis, lojas ou restaurantes, conversando com o atendente de check-in no aeroporto ou alugando um carro, você poderá contar com todas as perguntas e frases recorrentes vivenciadas pelo viajante a países de língua espanhola. Você também poderá ouvir e praticar essas frases e perguntas através do áudio que acompanha o livro.

## Diálogos situacionais

Ao longo de *Fale Tudo em Espanhol em Viagens!* são também apresentados diálogos que retratam situações típicas de turistas em viagem a países de língua espanhola, e que você poderá também praticar através do uso do áudio. Veja alguns desses diálogos abaixo:

- Fazendo o check-in no aeroporto
- Alugando um carro
- Pedindo indicação de caminho
- Procurando um lugar para comer
- Que lugares devemos visitar?
- Na loja de calçados

## Vocabulário & expressões em uso

Esta seção apresenta palavras e expressões usuais em frases contextualizadas: uma ótima forma de você aprender e revisar expressões muito úteis para a comunicação durante a sua viagem. Essas palavras e expressões estão agrupadas em categorias como, por exemplo, aeroporto, viagem de carro, compras, lazer e diversão.

## Dicas legais

*Fale Tudo em Espanhol em Viagens!* apresenta também valiosas dicas e informações culturais para os que viajam a países de língua espanhola. Destacamos entre outras:

- Placas de trânsito comuns em países de língua espanhola
- Cédulas e moedas utilizadas em alguns países hispanofalantes
- Cardápios comuns nos países de língua espanhola

## Glossários temáticos

Para garantir a comunicação precisa em cada uma das variadas situações de conversação, você poderá também contar com glossários temáticos, apresentados ao longo do livro. Alguns dos tópicos abordados incluem: alimentação, lazer e diversão, lojas e serviços, emergências.

# Glossário português-espanhol e espanhol-português

Além dos glossários temáticos que abordam situações específicas, você encontrará ao final do livro um glossário geral. A procura poderá ser feita a partir do idioma português ou espanhol, e as diferenciações entre o espanhol latino-americano e o ibérico são sempre apresentadas.

## Áudio: frases usuais e diálogos situacionais

O áudio ( 🔊 ) que acompanha o livro é uma valiosa ferramenta que permite a você praticar e melhorar a compreensão auditiva de frases e diálogos usuais. O uso do áudio é também uma ótima forma de se preparar antecipadamente para situações que irá vivenciar, revisando frases e vocabulário indispensáveis à comunicação em espanhol durante viagens.

¡Buen viaje!

# Primeiros Contatos

## Saudações
🔊 *Saludos*

**Olá!/Oi!**
*¡Hola!*
**Como está?/Como vai?**
*¿Cómo estás?/¿Cómo está (usted)?*
**Estou bem, obrigado. E você?**
*Bien, gracias. ¿Y tú?*
**Estou bem, obrigado. E o(a) senhor(a)?**
*Bien, gracias. ¿Y usted?*
**Bem, obrigado.**
*Bien, gracias.*
**Bom dia!**
*¡Buen día!*
**Boa tarde!**
*¡Buenas tardes!*
**Boa noite!**
*¡Buenas noches!*

\* Mais formal. Veja quadro Formas de Tratamento.

**Muito prazer!/Prazer em conhecê-lo!**
    *¡Mucho gusto!/Encantado(a).*
**O prazer é meu!**
    *¡El gusto es mío!*

## Despedindo-se
🔊 *Para despedirse*

**Tchau!**
    *¡Chau!*
**Até mais tarde!/Te vejo mais tarde!**
    *¡Hasta luego!/ ¡Hasta pronto!*
**Até amanhã!**
    *¡Hasta mañana!*
**Te vejo por aí!**
    *¡Nos vemos!*
**Depois conversamos, tchau!**
    *Después charlamos, ¡chau!*
**Cuide-se!**
    *¡Cuídate!/¡Cuídese!\**
**Tenha um ótimo dia, tchau!**
    *¡Que te vaya bien, chau!*
**Boa noite!**
    *¡Buenas noches!*

## Apresentando-se
🔊 *Para presentarse a sí mismo*

**Meu nome é...**
    *Mi nombre es/Me llamo...*
**Deixe-me apresentar, eu sou...**
    *Permíteme presentarme, soy.../Permítame presentarme, soy...\**
**Sou do Brasil/etc.**
    *Soy de Brasil/etc.*

\* Mais formal. Veja quadro Formas de Tratamento.

**Sou brasileiro/etc.**
*Soy brasileño/etc.*

**Nasci no Brasil/etc.**
*Nací en Brasil/etc.*

**Moro em...**
*Vivo en...*

**Sou professor/advogado/médico/etc.**
*Soy profesor/abogado/médico/etc.*

**Tenho trinta e três anos de idade.**
*Tengo treinta y tres años.*

**Sou solteiro(a).**
*Soy soltero(a).*

**Sou casado(a).**
*Soy casado(a).*

## Pedindo informações pessoais
### Para pedir información personal

**Como você se chama?**
*¿Cómo te llamas?*

**Como o(a) senhor(a) se chama?**
*¿Cómo se llama (usted)?\**

**Qual é o seu nome?**
*¿Cuál es tu nombre?/¿Cuál es su nombre?\**

**Qual é o seu sobrenome?**
*¿Cuál/Cómo es tu apellido?/*

**Qual é o sobrenome do(a) senhor(a)?**
*¿Cuál/Cómo es su apellido?\**

**O que você faz?**
*¿Qué haces?*

**O que o(a) senhor(a) faz?**
*¿Qué hace (usted)?\**

**Qual a sua ocupação?/O que você faz?**
*¿A qué te dedicas?*

\* Mais formal. Veja quadro Formas de Tratamento.

Qual a sua ocupação?/O que o(a) senhor(a) faz?
*¿A qué se dedica (usted)?\**
De onde você é?
*¿De dónde eres?*
De onde o(a) senhor(a) é?
*¿De dónde es? (usted)?\**
Qual é a sua nacionalidade?
*¿Cuál es tu nacionalidad?*
Qual é a nacionalidade do(a) senhor(a)?
*¿Cuál es su nacionalidad?\**
Onde você nasceu?
*¿Dónde naciste?*
Onde o(a) senhor(a) nasceu?
*¿Dónde nació (usted)?\**
Onde você mora?
*¿Dónde vives?*
Onde o(a) senhor(a) mora?
*¿Dónde vive (usted)?\**
Quantos anos você tem?/Qual a sua idade?
*¿Cuántos años tienes?/Cuál es tu edad?*
Quantos anos o senhor tem?/Qual a sua idade?
*¿Cuántos años tiene (usted)?/Cuál es su edad?\**

## Perguntas e frases úteis
🔊 **Preguntas y frases útiles**

Quanto custa?
*¿Cuánto cuesta?*
Quanto tempo leva para chegar lá?
*¿Cuánto tiempo tarda/lleva llegar allí?*
Qual é a distância daqui?
*¿A qué distancia queda desde aquí?*
Há um hotel/albergue da juventude aqui perto?
*¿Hay algún hotel/albergue de la juventud cerca de aquí?*

---

\* Mais formal. Veja quadro Formas de Tratamento.

**Como posso chegar a...?**
*¿Cómo puedo llegar a...?*
**Onde fica a estação de metrô/trem mais próxima?**
*¿Dónde queda la estación de metro (subte en Argentina)/tren más cercana?*
**Onde posso pegar um táxi, por favor?**
*¿Dónde puedo tomar (Argentina y Uruguay)/coger (España y América Latina) un taxi, por favor?*
**Fica longe demais para ir a pé?**
*¿Queda muy lejos para ir a pie?*
**Onde eu posso...?**
*¿Dónde puedo..?*
**Preciso...**
*Preciso...*
**Estou procurando...**
*Estoy buscando.../Busco...*
**Onde fica o banheiro, por favor?**
*¿Dónde queda el baño, por favor?*
**Desculpe-me, não entendo...**
*Perdón, no le entendí...*
**Não falo espanhol muito bem...**
*No hablo español muy bien...*

## Expressões usuais
### Expresiones usuales

**Com licença...**
*Permiso...*
**Desculpe!/Perdão!**
*¡Perdón!/¡Discúlpame!/Discúlpeme\**
**Obrigado!**
*¡Gracias!*
**Não há de quê!**
*¡De nada!*

---

\* Mais formal. Veja quadro Formas de Tratamento.

PRIMEIROS CONTATOS

**É claro!**
*¡Por supuesto!/ ¡Cómo no!*
**Sério?**
*¿De verdad?/ ¿En serio?/¿De veras?*
**Não sei...**
*No (lo) sé...*
**Não tenho certeza...**
*No estoy seguro(a)...*
**Talvez...**
*Talvez/ Quizá...*
**Só um minuto, por favor...**
*Un minuto, por favor.*

## FORMAS DE TRATAMENTO

Quando nos dirigimos a um único interlocutor em espanhol, podemos fazê-lo informalmente (*tú*) ou formalmente (*usted*), dependendo do grau de intimidade, de diferenças de idade ou hierárquicas.

|  | TRATAMENTO INFORMAL | TRATAMENTO FORMAL |
|---|---|---|
| **PRONOME PESSOAL SUJEITO** | TÚ | USTED |
| **VERBOS** | ¿Cuántos años tienes?<br><br>Quantos anos você tem? | ¿Cuántos años tiene (usted)?<br>Quantos anos o senhor tem? |
| **PRONOMES POSSESSIVOS** | La piscina está a tu disposición.<br>A piscina está à sua disposição. | La piscina está a su disposición.<br>A piscina está à sua disposição. |
| **PRONOMES COMPLEMENTO** | ¿Qué te parece está habitación?<br>O que você acha deste quarto? | ¿Qué le parece está habitación?<br>O que o(a) senhor(a) acha deste quarto? |

## 🔊 *Diálogo: ¿Cómo está el tiempo hoy?*

**Turista:** ¿Cómo está el tiempo hoy?
**Recepção:** Bueno, a la mañana estaba medio nublado, pero ahora está saliendo el sol.
**Turista:** ¿Le parece que hace suficiente calor como para nadar?
**Recepção:** Creo que sí, señor. Y si no, contamos con una piscina climatizada que está a su disposición.
**Turista:** ¡Ah, qué bien! Gracias por la información

Veja a tradução desse diálogo na p. 129.

## Falando sobre o tempo
🔊 *Hablando del tiempo*

**Como está o tempo hoje?**
   *¿Cómo está el tiempo hoy?*
**Está quente/frio.**
   *Hace calor/frío.*
**Está ensolarado.**
   *Hay sol.*
**Está nublado.**
   *Está nublado.*
**Está chuvoso.**
   *Está lluvioso.*
**Está ventando.**
   *Hay viento.*
**Está nevando.**
   *Está nevando.*
**Está meio nublado.**
   *Está medio nublado.*
**Está friozinho.**
   *Está fresquito.*
**Está fresco.**
   *Está fresco.*
**Está abafado.**
   *Está pesado/sofocante.*

**Está ameno.**
*Está ameno.*
**Parece que vai chover.**
*Parece que va a llover.*
**Está chovendo.**
*Está lloviendo.*
**Está caindo um pé d'água!**
*¡Está lloviendo a cántaros!*
**Está garoando.**
*Está lloviznando.*
**Está congelante!**
*¡Está helado!*
**Está quente mesmo hoje, a temperatura aproximada é de 30 graus.**
*Hoy está muy caluroso, la temperatura es de aproximadamente 30 grados.*

## A previsão do tempo
🔊 *El pronóstico del tiempo*

**Qual é a previsão do tempo para hoje/o fim de semana?**
*¿Cuál es el pronóstico del tiempo para hoy/el fin de semana?*
**Vai fazer calor o dia todo.**
*Va a hacer calor todo el día.*
**Vai chover à tarde.**
*Va a llover a la tarde.*
**Parece que teremos um dia ensolarado/chuvoso.**
*Parece que tendremos un día de sol/lluvioso.*
**A temperatura está subindo.**
*Está aumentando/subiendo la temperatura.*
**A temperatura está caindo.**
*Está cayendo/bajando la temperatura.*
**Como é o tempo onde você vive/no seu país?**
*¿Cómo es el clima donde vives/en tu país?*
**Eu vivo em um país tropical, então geralmente faz calor.**
*Vivo en un país tropical, así que generalmente hace calor.*

**Neva no inverno?**
*¿Nieva en invierno?*
**Faz sol no verão?**
*¿Hay sol en verano?*

## O tempo: como você se sente
🔊 *El tiempo: cómo te sientes*

**Estou com frio.**
*Tengo frío.*
**Estou sentindo frio.**
*Siento frío.*
**Estou morrendo de frio.**
*Me estoy muriendo de frío.*
**Estou com calor.**
*Tengo calor.*
**Estou sentindo calor.**
*Siento calor.*
**Estou derretendo.**
*Me estoy derritiendo/Estoy derritiéndome.*
**Qual sua estação do ano preferida?**
*¿Cuál es tu estación preferida?*
**Prefiro o verão/o inverno/o outono/a primavera.**
*Prefiero el verano/el invierno/el otoño/la primavera.*

## Ruídos na comunicação
🔊 *Ruidos en la comunicación*

**Como? (Pedindo para repetir.)**
*¿Cómo?*
**Desculpe, como? (Pedindo para repetir.)**
*Perdón, ¿cómo has dicho?/¿cómo ha dicho (usted)?\**
**Desculpe, você pode repetir, por favor?**
*Perdón, ¿puedes repetirmelo, por favor?*
**Desculpe, o(a) senhor(a) pode repetir, por favor?**
*Perdón, ¿puede repetirmelo, por favor?\**

Você poderia, por favor, falar devagar?
*¿Podrías hablar despacio, por favor?*
O(A) senhor(a) poderia, por favor, falar devagar?
*¿Podría hablar despacio, por favor?\**
Desculpe, não entendi...
*Perdón, no entendí...*
Poderia explicar novamente?
*¿Puedes explicármelo otra vez?/¿Puede explicármelo otra vez?\**
Como se chama isto em espanhol? (Mostrando algo.)
*¿Cómo se dice esto en español?*
Você poderia escrever para mim, por favor?
*¿Puedes escribírmelo, por favor?*
O(a) senhor(a) poderia escrever para mim, por favor?
*¿Puede escribírmelo, por favor?\**
Desculpe, não entendo o que você está falando.
*Perdón, no entiendo lo que me dices.*
Desculpe, não entendo o que o(a) senhor(a) está falando.
*Perdón, no entiendo lo que me dice.\**
Você pode soletrar o seu sobrenome...?
*Puedes deletrear tu apellido...?*
O(A) senhor(a) pode soletrar o seu sobrenome...?
*Puede (usted) deletrear su apellido...?*

## O alfabeto: como pronunciar
🔊 *El abecedario: cómo se pronuncia*

Saber pronunciar as letras do alfabeto espanhol pode ser bastante útil em uma viagem internacional de turismo ou negócios. É muito comum, por exemplo, ao fazer o *check-in* no aeroporto ou hotel ouvir a pergunta *¿Puede deletrear...?* (Como se soletra...?) para confirmação de nomes, sobrenomes e outras informações. Portanto, não deixe de treinar ouvindo a pronúncia das letras do alfabeto no áudio e aproveite para praticar soletrando as letras de seu nome e sobrenome.

\* Mais formal. Veja quadro Formas de Tratamento.

## O ALFABETO / EL ABECEDARIO

**A B C D E F G H I J K L M N O P Q R S T U V W X Y Z**

### 🔊 Diálogo: ¿Puede deletrearlo, por favor?

**Recepción:** ¿Su apellido, por favor?
**Turista:** Albuquerque
**Recepción:** ¿Puede deletrearlo?
**Turista:** ¡Claro! A - L - B - U - Q - U - E - R - Q - U - E.
**Recepción:** Albuquerque, perfectamente! Firme aquí, por favor.
**Turista:** ¡Cómo no!
**Recepción:** Su habitación es la 503. Aquí tiene la llave.
**Turista:** Muchas gracias
**Recepción:** De nada.

Veja a tradução desse diálogo na p. 129.

# Aeroporto & Avião e outros meios de transporte

### 🔊 Diálogo: Facturación en el aeropuerto

*Vuelo 5105 a Bogotá, embarque por la puerta 31...*

**Atendiente de facturación:** Buenos días, señor. Su pasaje y su pasaporte, por favor.
**Turista:** Claro. Aquí los tiene.
**Atendiente de facturación:** Gracias. Por favor, coloque su maleta sobre la balanza.
**Turista:** ¡Como no!
**Atendiente de facturación:** Muy bien, señor, aquí tiene su tarjeta de embarque. El embarque comienza a las 7 por la puerta 23
**Turista:** ¡Gracias!
**Atendiente de facturación:** De nada. Buen viaje.

Veja a tradução desse diálogo na p. 129.

# No aeroporto: frases do atendente de *check-in*
🔊 **En el aeropuerto: *frases del/de la atendiente***

Posso ver seu passaporte e passagem, por favor?
*¿Puedo ver su pasaporte y su pasaje, por favor?*
Quantas malas o(a) senhor(a) está levando?
*¿Cuántas maletas/valijas (Argentina) lleva?*
O(A) senhor(a) pode colocar a mala na balança, por favor?
*Por favor, coloque (usted) su maleta/valija (Argentina) en la balanza.*
Você tem bagagem de mão?
*¿Llevas equipaje de mano?*
O(A) senhor(a) tem bagagem de mão?
*¿Lleva (usted) equipaje de mano?*
Foi o(a) senhor(a) mesmo quem fez as malas?
*¿Fue usted mismo(a) el(la) que hizo las maletas?*
O(A) senhor(a) está levando alguma arma de fogo?
*¿Está (usted) transportando armas?*
O(A) senhor(a) está levando algum material inflamável?
*¿Lleva (usted) algún material inflamable?*
O(A) senhor(a) está levando algum item de comida perecível?
*¿Está (usted) transportando comestibles perecederos?*
Alguém que o(a) senhor(a) não conhece lhe pediu para levar alguma coisa?
*¿Alguna persona desconocida le pidió que le llevara algo?*
O(A) senhor(a) esteve em posse da bagagem desde que fez as malas?
*¿Ha estado (usted) en posesión de su equipaje desde que empacó?*
O(A) senhor(a) deixou as malas sozinhas em algum momento no aeroporto?
*¿Ha dejado (usted) el equipaje desacompañado en el aeropuerto?*
Sinto muito, mas o(a) senhor(a) terá de pagar pelo excesso de bagagem.
*Lo siento, pero (usted) tendrá que pagar exceso de equipaje.*

Você gostaria de sentar do lado da janela ou do corredor?
*¿Prefiere ventana o pasillo?*
Aqui está o seu cartão de embarque, o embarque é no portão 23.
*Esta es su tarjeta de embarque, el embarque será en la puerta 23.*
O embarque tem início às 7 horas.
*El embarque comienza a las 7.*
Sinto muito, mas o vôo está atrasado.
*Lo siento, pero el vuelo está atrasado.*
Sinto muito, mas o vôo foi cancelado.
*Lo siento, el vuelo ha sido cancelado.*
Muito obrigado. Tenha um bom vôo!
*Muchas gracias. ¡Buen viaje!*

## No aeroporto: frases do passageiro
*En el aeropuerto: frases del pasajero*

Você pode me colocar no assento da janela?
*¿Puedes darme un asiento al lado de la ventana?*
Você pode me colocar no assento do corredor?
*¿Puedes darme un asiento al lado del pasillo?*
Posso levar esta sacola como bagagem de mão?
*¿Puedo llevar este bolso como equipaje de mano?*
Quanto é a taxa por excesso de bagagem?
*¿Cuánto hay que pagar por exceso de equipaje?*
A que horas começamos a embarcar?
*¿A qué hora comienza el embarque?*
Qual é o portão?
*¿En qué puerta?*
Onde fica o portão...?
*¿Dónde queda la puerta...?*
Vai haver algum atraso?
*¿El vuelo está atrasado?*
O vôo está no horário?
*¿El vuelo está en horario?*

MEIOS DE TRANSPORTE

## No aeroporto: perguntas do funcionário da alfândega
🔊 *En el aeropuerto: preguntas del (de la) aduanero(a)*

Qual é o motivo da sua visita?
*¿Cuál es el propósito de su visita?\**
O que você faz?
*¿A qué te dedicas?*
O que o senhor faz?
*¿A qué se dedica (usted)?\**
Qual é a sua ocupação?/O que o senhor faz?
*¿Cuál es su ocupación?\**
Qual é a sua ocupação?/O que você faz?
*¿Cuál es tu ocupación?*
Esta é sua primeira vez em Barcelona/Buenos Aires/etc.?
*¿Esta es la primera vez que viene (usted) a Barcelona/Buenos Aires/etc.?\**
Senhor, posso ver seu passaporte e passagem aérea, por favor?
*Señor, su pasaporte y pasaje, por favor.\**
O(A) senhor(a) está viajando sozinho(a)?
*¿Viaja (usted) solo(a)?\**
Quanto tempo pretende ficar?
*¿Cuánto tiempo piensa (usted) quedarse?\**
Onde o(a) senhor(a) vai ficar?
*¿Dónde va a quedarse?\**
Obrigado. Tenha uma boa estadia!
*Gracias. ¡Qué le vaya bien!\**

## Passando pela alfândega: respostas do visitante
🔊 *Pasando por la aduana: respuestas del visitante*

Estou aqui a trabalho.
*Vengo por trabajo.*

---

\* Mais formal. Veja quadro Formas de Tratamento.

**Estou aqui para um(a) congresso/palestra.**
*Vengo a un congreso/a dar una conferencia.*

**Vim para participar de uma reunião/apresentação.**
*Vine para participar en una reunión/presentación.*

**Sou estudante/professor(a)/advogado(a)/médico(a)/engenheiro(a)/etc.**
*Soy estudiante/profesor/abogado(a)/médico/ingeniero(a)/etc.*

**Estou aqui de férias.**
*Estoy aquí de vacaciones.*

**Estou aqui para estudar.**
*He venido a estudiar.*

**Vim visitar um(a) amigo(a).**
*Vine a visitar a un(a) amigo(a).*

**Vim visitar um parente.**
*Vine a visitar a un pariente.*

**Vou ficar duas semanas/dez dias.**
*Me quedaré dos semanas/diez días.*

**Estou viajando com meu amigo/minha família.**
*Viajo con un amigo/mi familia.*

**Vou ficar no (nome do hotel).**
*Me alojaré en (nombre del hotel).*

## No aeroporto: Vocabulário & Expressões em Uso
### En el aeropuerto: Vocabulario & Expressiones en Uso

**ALFÂNDEGA:** *Aduana*
   *Ahora tenemos que pasar por aduana.*
   **Precisamos passar pela alfândega agora.**

**ARMÁRIO; GUARDA-VOLUMES:** *consigna; guardaequipaje; guardamaletas*
*¿Sabes si hay consigna en este aeropuerto?*
**Você sabe se eles têm guarda-volumes neste aeroporto?**

**ATERRISSAR:** *aterrizar*
*¿A qué hora se estima que vamos a aterrizar?*
**Que horas devemos aterrissar?**
*¿El vuelo 7101 ya ha aterrizado?*
**O vôo 7101 já aterrissou?**

**ATRASO:** *atraso*
*No hubo atrasos. Llegamos a nuestro destino puntualmente.*
**Não houve atrasos. Chegamos ao nosso destino final no horário certo.**

**BAGAGEM:** *equipaje*
*¿Puedo llevar esto como equipaje de mano?*
**Posso levar isto como bagagem de mão?**

**CARRINHO PARA AS MALAS EM AEROPORTOS:** *carrito de equipaje*
*"¡Necesitamos un carrito para poner nuestras maletas!" le dijo Miguel a sus amigos no bien entraron al aeropuerto.*
**"Precisamos de um carrinho para colocar as malas!", disse Miguel aos amigos assim que entraram no aeroporto.**

**COMISSÁRIO(A) DE BORDO:** *comisario(a) de bordo*
*Mariana es comisaria de bordo en Aerolíneas Argentinas.*
**Mariana trabalha como comissária de bordo em Aerolíneas Argentinas.**

**COMPARTIMENTO/ARMÁRIO SUPERIOR DO AVIÃO:** *compartimiento superior*
*Puedes colocar el equipaje de mano en el compartimiento superior.*
**Você pode colocar sua bagagem de mão no compartimento superior do avião.**

**DECOLAR:** *despegar*
*¿Tu avión despegó puntualmente?*
O avião decolou no horário previsto?

**DECOLAGEM:** *despegue*
*"Tripulación, prepararse para el despegue!" dijo el comandante.*
"Tripulação, preparar para decolagem!", disse o comandante.

**ESCALA:** *escala*
*Nuestro vuelo a Caracas no tiene escalas.*
Não há escalas em nosso vôo para Caracas.

**LOCAL NO AEROPORTO ONDE OS PASSAGEIROS RETIRAM SUA BAGAGEM:** *recogida de equipaje*
*¿Cuál es la cinta para recogida del equipaje?*
Onde fica a esteira para retirarmos as malas?

**ESTICAR AS PERNAS E OS BRAÇOS:** *estirar las piernas y los brazos.*
*Generalmente, durante vuelos largos preciso ponerme de pie para estirar las piernas y los brazos.*
Eu normalmente preciso levantar e esticar as pernas durante vôos longos.

**FAZER ESCALA:** *hacer escala*
*Nuestro avión debe hacer escala en Santiago para cargar combustible.*
Nosso vôo deve fazer escala em Santiago para reabastecimento.

**FUSO HORÁRIO:** *huso horario*
*¿Cuál es la diferencia de huso horario entre San Pablo y Managua?*
Qual a diferença de fuso horário entre São Paulo e Manágua?

MEIOS DE TRANSPORTE

**LOJA EM AEROPORTOS QUE VENDEM PRODUTOS MAIS BARATOS PORQUE SÃO ISENTAS DE IMPOSTOS; FREE SHOP:** *free shop*
> *"Vamos a echarles una ojeada a los precios del free shop", le dijo Luisa a su marido.*
>
> "Vamos dar uma olhada nos preços na free shop", disse Luisa ao marido.

**MALA:** *maleta; valija (Argentina, Uruguay)*
> *¿Cuántas maletas precisas?*
>
> Quantas malas você precisa?

**PERDER UM VÔO:** *perder un vuelo*
> *Si no te das prisa/apuras (América Latina), vas a perder el vuelo.*
>
> É melhor você se apressar ou vai perder o seu vôo!

**TAXA POR EXCESSO DE BAGAGEM:** *exceso de equipaje*
> *Tuvimos que pagar veinte dólares por exceso de equipaje.*
>
> Tivemos que pagar vinte dólares de taxa por excesso de bagagem.

**VISTO:** *visa/visado*
> *Los ciudadanos brasileños no necesitan visa para entrar a Argentina.*
>
> Cidadãos brasileiros não precisam de visto para entrar na Argentina.

**VÔO DE CONEXÃO:** *conexión*
> *¿A qué hora sale nuestra conexión para Barcelona?*
>
> Que horas parte o nosso vôo de conexão para Barcelona?

## No avião: frases da tripulação
### *En el avión: frases de la tripulación*

Bem vindo(a) a bordo!
> *¡Bienvenido(a) a bordo!*

Vamos decolar em breve.
> *Vamos a despegar en pocos minutos.*

**Apertem os cintos, por favor.**
*Abróchense los cinturones de seguridad, por favor.*
**Por favor, senhor(a), apague o cigarro.**
*Apague el cigarrillo, por favor.*
**Você pode, por favor, colocar sua bagagem no compartimento/ armário superior?**
*¿Podrías colocar el equipaje en el compartimiento superior, por favor?*
**Por favor, desliguem os celulares, laptops e qualquer outro equipamento eletrônico**
*Por favor, desconecten los celulares, computadoras y cualquier otro dispositivo electrónico.*
**Por favor, mantenham os cintos apertados.**
*Permanezcan con los cinturones abrochados, por favor.*
**Por favor, permaneçam sentados.**
*Por favor, permanezcan sentados.*
**Por favor, mantenham suas bandejas fechadas.**
*Por favor, mantengan las mesas plegadas.*
**Por favor, voltem os assentos para a posição vertical.**
*Por favor, coloquen el respaldo de sus asientos en la posición vertical.*
**Tripulação, preparar para decolagem!**
*Tripulación, prepararse para el despeque!*
**O senhor gostaria de frango ou carne?**
*¿Prefiere pollo o carne vacuna?*
Veja *Cardápios*, p. 75, e *Glossário temático: Alimentação*, p. 82.
**O que o(a) senhor(a) gostaria de beber?**
*¿Qué desea beber?*
**Bom dia a todos, aqui é o comandante falando...**
*Buenos días, aquí les habla el comandante...*
**Vamos aterrissar no Aeroporto Internacional de Ezeiza em alguns minutos.**
*En pocos minutos aterrizaremos en el Aeropuerto Internacional de Ezeiza.*
**A hora local é 8h17.**
*La hora local es 8h17.*
**A temperatura é de 20 graus Célsius.**
*La temperatura es de 20 grados Celsius.*

MEIOS DE TRANSPORTE

Espero que todos tenham tido um ótimo vôo.
*Espero que hayan tenido un vuelo agradable.*
Em nome da Aerolíneas XYZ, gostaria de agradecer a todos por voar conosco.
*En nombre de Aerolíneas XYZ les damos las gracias por habernos escogido.*

## No avião: frases do passageiro
🔊 *En el avión: frases del pasajero*

Quanto tempo dura o vôo?
*¿Qué duración tiene este vuelo?*
Pode me trazer um copo d'água, por favor?
*¿Podría traerme un vaso de agua, por favor?*
Pode me trazer uma coca/um suco de laranja, por favor?
*¿Podría traerme una coca/un jugo de naranja, por favor?*
Pode me trazer um lenço de papel, por favor?
*¿Podría darme un pañuelo de papel, por favor?*
Está frio demais aqui. Você pode diminuir o ar condicionado?
*Hace mucho frío. ¿Puedes subir la temperatura del aire acondicionado?*
Está quente demais aqui. Você pode aumentar o ar condicionado?
*Hace mucho calor. ¿Puedes bajar la temperatura del aire acondicionado?*
Meus fones de ouvido não estão funcionando.
*Mis auriculares no funcionan.*
Eu poderia trocar de lugar?
*¿Puedo cambiarme de asiento?*
Você pode me trazer mais um cobertor/travesseiro, por favor?
*¿Podrías traerme otra manta/almohada, por favor?*
Quanto tempo falta para chegar a Lima?
*¿Cuánto falta para llegar a Lima?*
Qual é a diferença de horário entre Madrid e Buenos Aires?
*¿Cuál es la diferencia de fuso horario entre Madrid y Buenos Aires?*
Qual é a hora local em Santiago de Chile/Bogotá?
*¿Cuál es la hora local en Santiago de Chile/Bogotá?*

Não estou me sentindo muito bem.
*No me siento bien.*

Estou com dor de cabeça. Você pode me trazer uma aspirina, por favor?
*Me duele la cabeza. ¿Podrías traerme una aspirina, por favor?*

Estou me sentindo um pouco tonto(a). Você pode me trazer algum remédio para enjôo?
*Estoy un poco mareado(a). ¿Puedes traerme algo contra el mareo?*

Estou com vontade de vomitar. Você pode me trazer um saquinho para enjôo?
*Tengo náuseas. ¿Puedes traerme una bolsa para mareo?*

## Indo do aeroporto ao hotel
**Llendo del aeropuerto al hotel**

Como posso chegar até... daqui?
*¿Cómo hago para llegar a... desde aquí?*

Você pode me dizer como chegar ao... daqui?
*¿Podría decirme cómo llego a... desde aquí?*

Como posso ir daqui até...?
*¿Cómo puedo ir de aquí a...?*

Qual é a distância?
*¿A que distancia queda?*

Quantos quarteirões daqui?
*¿A cuántas cuadras queda de aquí?*

Dá para chegar lá de ônibus/metrô?
*¿Se puede llegar en autobús/metro; subte (Argentina)?*

Dá para ir de ônibus daqui?
*¿Se puede ir en autobús desde aquí?*

Há uma estação de metrô perto daqui?
*¿Hay alguna estación de metro (España y América Latina)/subte (Argentina) cerca?*

Onde é o ponto de ônibus mais próximo?
*¿Dónde queda la parada de ómnibus más cercana?*

Há uma estação de trem perto daqui?
*¿Hay alguna estación de tren aquí cerca?*

**É muito longe para ir a pé?**
*¿Es muy lejos para ir a pie?*
**Você pode chamar um táxi para nós?**
*¿Puedes pedirnos un taxi, por favor?*
**Onde posso pegar um táxi?**
*¿Dónde puedo tomar (Argentina y Uruguay)/coger un taxi?*
**Onde posso alugar um carro aqui perto?**
*¿Dónde puedo alquilar un auto por aquí?*

**DICA LEGAL 1: MEIOS DE TRANSPORTE**
**PISTA ÚTIL 1: MEDIOS DE TRANSPORTE**

Ao se referir a meios de transporte utilize a preposição *en* para dizer de carro, metrô, avião, trem, barco, etc. A única exceção é quando dizemos "a pé", *a pie* e "a cavalo", *a caballo*. Veja as frases contextualizadas abaixo:

*Cruzamos de Buenos Aires a Montevideo en transbordador*
**Atravessamos de Buenos Aires a Montevideo de balsa.**

*¿Podemos llegar en metro/subte (Argentina)?*
**Podemos chegar lá de metrô?**

*Sería mucho más emocionante si fuésemos de Grecia a Italia en barco.*
**Seria muito mais emocionante se fossemos da Grécia até a Itália de navio.**

*Miguel y Juanjo viajaron por toda Europa en tren.*
**Miguel e Juanjo viajaram por toda a Europa de trem.**

*Creo que podemos ir a pie. No es tan lejos.*
**Acho que podemos ir até lá a pé. Não é tão longe assim.**

**DICA LEGAL 2: PEGANDO O ÔNIBUS**
*PISTA ÚTIL 2: TOMANDO EL COLECTIVO*

**Autobús**

Na Argentina o *colectivo* (ônibus urbano) é pago ao subir, numa máquina automática que só aceita moedas. O valor do bilhete depende da distância a ser percorrida. Após colocar as moedas, a máquina imprime um *boleto* (bilhete) e dá o troco, se necessário.

**MEIOS DE TRANSPORTE**

## Pegando um táxi
*Tomando un taxi*

**Você pode me levar para (nome do hotel)?**
*Por favor, lléveme a (nombre del hotel).*

**Preciso ir para o (nome do hotel).**
*Tengo que ir al hotel (nombre del hotel).*

**Fica longe daqui?**
*¿Queda lejos de aquí?*

**Quanto é uma corrida até...?**
*¿Cuánto cuesta un taxi a...?*

**Você pode me levar à rua Florida/aos Parques de Palermo/ao Museo del Prado?**
*¿Puedes llevarme a la calle Florida/a los Parques de Palermo/al Museo del Prado?*

**Quanto tempo leva para chegar daqui até...?**
*¿Cuánto tiempo lleva ir de aquí a...?*

**Qual a distância até...?**
*¿A qué distancia queda...?*

**Você conhece algum atalho daqui?**
*¿Conoces algún atajo?*

**O trânsito é ruim neste horário?**
*¿Hay mucho tráfico a esta hora?*

**Você pode, por favor, parar/esperar aqui?**
*Por favor, pare/espere aquí.*

**Quanto foi a corrida, por favor?**
*¿Cuánto es?/¿Cuánto le debo?*
**Fique com o troco.**
*Quédese con el vuelto.*

> Buenas tardes, queremos alquilar un auto por una semana.
> Retirada/Devolución en todo el país. Las tarifas no incluyen el seguro.
>
> **BUEN VIAJE**
> **ALQUILER DE VEHÍCULOS**
> Tarifa por semana
> Kilometraje libre
> Pequeño    $263
> Mediano    $295
> Grande     $361
> Lujo       $386
> Todo Terreno $352
> Furgoneta  $342
>
> ¡Cómo no!

### 🔊 Diálogo: *Alquilando un auto*

**Atendiente:** *¡Buenos días! ¿En qué puedo ayudarlo?*
**Turista:** *Queremos alquilar un auto por una semana.*
**Atendiente:** *¡Cómo no! ¿Qué tipo de vehículo desea?*
**Turista:** *Precisamos un auto con baúl grande. Tenemos cuatro valijas.*
**Atendiente:** *Entiendo. Voy a ver en el sistema qué tenemos disponible.*
**Turista:** *Muchas gracias. A propósito, queremos un seguro que tenga cobertura total.*
**Atendiente:** *Muy bien, señor.*

Veja a tradução desse diálogo na p. 130.

## Alugando um carro: frases do atendente da locadora
### 🔊 *Alquilando un auto: frases del atendiente*

**Que tamanho de carro o senhor gostaria?**
*¿Qué tamaño de auto quiere?*
**Que tipo de carro o senhor gostaria?**
*¿Qué tipo de auto prefiere?*
**Que tipo de carro o senhor precisa?**
*¿Qué tipo de auto busca?*

**Temos carros compactos, médios, grandes, de luxo, picapes, esportivos e minivans.**
*Tenemos vehículos pequeños, medianos, grandes, de lujo, todo terreno, deportivos y furgonetas.*
**O senhor gostaria de um carro com GPS?**
*¿Desea un auto con GPS?*
**Deixe-me checar quais carros temos disponíveis hoje.**
*Voy a verificar qué vehículos tenemos disponibles hoy.*
**Qual a sua nacionalidade?**
*¿Cuál es su nacionalidad?*
**Quem vai dirigir?**
*¿Quién va a conducir/manejar (Argentina y Uruguay)?*
**Quantas pessoas vão dirigir?**
*¿Cuántas personas van a conducir/manejar (Argentina y Uruguay)?*
**Posso ver sua carteira de motorista, por favor?**
*¿Puedo ver su carné (España)/registro (Argentina) de conductor, por favor?*
**Por quanto tempo o senhor vai alugar o carro?**
*¿Por cuánto tiempo quiere alquilar el auto?*
**O total fica em 217 euros.**
*El total es € 217.*
**O tanque está cheio. O senhor deve enchê-lo antes de devolver o carro.**
*El tanque está lleno. Cargue combustible antes de devolver el auto.*
**O senhor precisa devolver o carro até as 16h do dia 16.**
*Debe devolver el auto el día 16 hasta las 16h.*
**Cobramos uma taxa de 7 euros a cada três horas de atraso.**
*Cobramos un adicional de 7 euros a cada tres horas de atraso.*

## Alugando um carro: frases do turista
### *Alquilando un auto: frases del turista*

**Gostaria de alugar um carro econômico.**
*Quisiera alquilar un auto económico.*
**Gostaríamos de alugar um carro por uma semana**
*Queremos alquilar un auto por una semana.*

MEIOS DE TRANSPORTE

**Quanto custa por dia/semana?**
*¿Cuál es la tarifa por día/semana?*
**Precisamos alugar uma van/picape.**
*Precisamos alquilar una furgoneta/un todo terreno.*
**Precisamos de um carro com porta-malas grande.**
*Necesitamos un auto con baúl grande.*
**Gostaríamos de um carro com quatro portas**
*Queremos un auto con cuatro puertas.*
**Vocês têm algum carro conversível?**
*¿Tienen algún auto descapotable?*
**Eu gostaria de um carro com câmbio mecânico/manual**
*Quisiera un auto con cambio automático/manual.*
**Eu queria um carro com GPS.**
*Quisiera un auto con GPS\*.*
**Há algum custo adicional pelo GPS?**
*¿Hay cargo adicional por el GPS\*?*
**A minha carteira de motorista é válida aqui?**
*¿Mi carné (España)/registro (Argentina) de conductor es válido aquí?*
**Quanto custa o seguro?**
*¿Cuánto cuesta el seguro?*
**Que tipo de seguro é esse?**
*¿Qué tipo de seguro es ese?*
Veja *Dica legal 3*, p. 54.
**O que o seguro cobre?**
*¿Qué es lo que cubre el seguro?*
**Gostaríamos de cobertura total.**
*Queremos un seguro que tenga cobertura total.*
**O tanque está cheio?**
*¿El tanque está lleno?*
**A quilometragem é livre?**
*¿El kilometraje es libre?*
**Você pode nos dar um mapa rodoviário do sul da Espanha?**
*¿Podría darme un mapa carretero del sur de España?*
**Onde podemos devolver o carro?**
*¿Dónde podemos devolver el auto?*

---

\* GPS: abreviação de *Global Positioning System*, aparelho de localização via satélite que informa ao motorista como chegar a um destino. Acessório cada vez mais comum em automóveis de aluguel.

**Podemos devolver o carro em Sevilla/Viña del Mar/etc.?**
*¿Podemos devolver el auto en Sevilla/Viña del Mar/etc.?*

**Qual é o limite de velocidade nesta estrada?**
*¿Cuál es la velocidad máxima permitida en esta carretera?*

Veja *Placas de trânsito comuns*, p. 46.

**Esta estrada é pedagiada?**
*¿Hay peaje en esta carretera?*

**O que devemos fazer se o carro quebrar?**
*¿Qué pasa si el coche sufre una avería?*

**O que devemos fazer se o carro for roubado?**
*¿Qué debemos hacer si nos roban el auto?*

**O que acontece se o carro for danificado?**
*¿Qué sucede si se daña el coche?*

**O que acontece se formos multados por excesso de velocidade?**
*¿Qué pasa si nos ponen una multa por exceso de velocidad?*

## No posto de gasolina
### *En la gasolinera (España)/estación de servicio (Argentina)*

**Estamos ficando sem gasolina.**
*Nos estamos quedando sin gasolina (España y América Latina)/ nafta (Argentina).*

**Vamos parar em um posto de gasolina.**
*Vamos a parar en una gasolinera (España)/una estación de servicio (Argentina).*

**Vinte pesos na bomba três, por favor.**
*Veinte pesos en el surtidor tres, por favor.*

**Pode completar, por favor?**
*¿Puede llenar el tanque, por favor?*

**Vocês têm gasolina sem chumbo?**
*¿Tienen gasolina sin plomo?*

**Este carro é a diesel/álcool/gasolina.**
*Este coche es a gasoil/alcohol/gasolina.*

**Vinte pesos de gasolina comum/aditivada, por favor.**
*Veinte pesos de común/súper.*

**Você pode checar o óleo, por favor?**
*¿Puedes verificar el aceite, por favor?*

**Você pode checar os pneus, por favor?**
*¿Puedes verificar los neumáticos (España y América Latina)/las gomas (Argentina), por favor?*

**Você pode lavar o pára-brisa, por favor?**
*¿Puedes limpiar el parabrisas, por favor?*

**Quanto lhe devo?**
*¿Cuánto le debo?*

**Você pode me informar como chegar até...?**
*Podrías explicarme cómo llegar a...?*
Veja *Pedindo indicação de caminho*, p. 61.

## Problemas com o carro
🔊 *Problemas con el auto*

**Não consigo dar a partida./Não está pegando.**
*No arranca.*

**Parece que o pneu está furado.**
*Me parece que se pinchó un neumático (España y América Latina)/una goma (Argentina).*

**Pega o macaco para levantar o carro.**
*Tráeme el gato así levantamos el auto.*

**Vamos pegar o estepe (pneu sobressalente).**
*Saquemos el neumático de repuesto (España y América Latina)/la goma de auxilio (Argentina)*

**O carro quebrou.**
*El auto se rompió.*

**Parece haver algo errado com o(a)...**
*Parece que el/la... no funciona.*

**Vamos chamar um guincho.**
*Vamos a llamar un remolque.*

**O carro vai ter que ser guinchado para a oficina mais próxima.**
*Hay que remolcar el auto hasta el taller más cercano.*

**Tranquei o carro com as chaves dentro.**
*Cerré el coche con las llaves dentro.*

**Nosso veículo foi danificado.**
*Nuestro vehículo ha sufrido daños.*
**Nós batemos o carro.**
*Chocamos el auto.*
**Está morrendo.**
*El motor se para.*
**Está esquentando.**
*El auto calienta.*
**Parece que o freio não está funcionando direito.**
*Me parece que los frenos no están funcionando bien.*
**A bateria precisa ser recarregada.**
*Hay que recargar la batería.*
**Parece haver um problema com a caixa de câmbio.**
*Me parece que la caja de cambios está averiada.*
**Está vazando óleo.**
*Está perdiendo aceite.*
**Tem alguma oficina aqui perto?**
*¿Hay algún taller mecánico cerca de aquí?*
**Quanto tempo vai levar para consertar?**
*¿Cuánto tiempo tardan en arreglarlo?*

MEIOS DE TRANSPORTE

## Viajando de carro: Vocabulário & Expressões em Uso
### *Viajando en auto: Vocabulario & Expresiones en Uso*

**ACOSTAMENTO:** *arcén (España y América Latina)/banquina (Argentina, Uruguay, Paraguay)*
   *El conductor paró en el arcén para verificar qué le pasaba al auto.*
   O motorista parou no acostamento para checar o que estava errado com o carro.

**ATALHO:** *atajo*
   *¿Conoces algún atajo?*
   Você conhece algum atalho?

**COLIDIR; BATER (VEÍCULOS):** *chocar; colidir*
   *Jaime maneja muy bien. Nunca chocó.*
   Jaime é um ótimo motorista. Nunca bateu o carro.

**COLISÃO; BATIDA (VEÍCULOS):** *choque*
*Esa carretera es muy peligrosa. Ya hubo muchos choques.*
**Aquela estrada é muito perigosa. Já houve muitas colisões lá.**

**CONGESTIONAMENTO; ENGARRAFAMENTO:** *atasco; embotellamiento*
*Llegamos tarde a causa del embotellamiento.*
**Chegamos atrasados por causa do congestionamento.**

**CONGESTIONAR (TRÂNSITO):** *congestionar*
*El tránsito en la avenida principal está congestionado*
**O trânsito na avenida principal está congestionado.**

**CRUZAMENTO:** *cruce*
*¡Cuidado en el cruce!*
**Cuidado com o cruzamento!**

**DESVIO:** *desvío*
*Disminuye la velocidad, parece que hay un desvío adelante.*
**Diminua a velocidade, acho que há um desvio lá na frente.**

**ENGAVETAMENTO:** *choque en cadena*
*Hubo un choque en cadena en la avenida.*
**Houve um engavetamento na avenida.**

**ESTEPE; PNEU SOBRESSALENTE:** *neumático de repuesto/goma de auxilio (Argentina)*
*¿Sabés dónde se guarda el neumático de repuesto en este auto?*
**Você sabe onde fica o estepe neste carro?**

**FICAR PRESO NO TRÂNSITO:** *quedarse parado en el tránsito.*
*Perdona el atraso, pero es que me quedé parado en el tránsito.*
**Desculpe o atraso, fiquei preso no trânsito!**

**HORA DO RUSH:** *Hora pico (Argentina)/Hora del taco (Chile)/ Hora punta (Perú y España)*
*Siempre hay mucho tránsito a la hora pico.*
**O trânsito é sempre ruim assim no horário do rush.**

**LOMBADA; QUEBRA-MOLAS:** *lomo de toro (Chile)/guardia dormido (España)/rompemuelle (Perú)/lomo de burro (Puerto Rico)*
*¡Cuidado, hay un lomo de burro adelante!*
Cuidado com a lombada à frente!

**MULTA DE TRÂNSITO:** *multa*
*Respeta la velocidad máxima en esta carretera. ¿No querrás que te pongan una multa, no?*
Cuidado com o limite de velocidade nesta estrada. Você não quer ganhar uma multa, quer?

**MULTAR:** *multar*
*Los multaron por exceso de velocidad.*
Eles foram multados por excesso de velocidade.

**OFICINA MECÂNICA:** *taller mecánico*
*¿Sabes dónde queda el taller mecánico más cercano?*
Você sabe onde fica a oficina mecânica mais próxima?

**PEDÁGIO:** *peaje*
*¡No te olvides del cambio para el peaje!*
Não esqueça de pegar dinheiro trocado para o pedágio!

**PISTA; FAIXA:** *carril*
*Esa carretera tiene cuatro carriles.*
Aquela estrada tem quatro pistas.

**PLACA DE CARRO:** *matrícula; placa*
*¿Cuál es la placa de su auto?*
Qual é o número da placa de seu carro?

**PNEU FURADO:** *neumático (España y América Latina)/goma (Argentina) pinchado(a).*
*¡Ah, no! Parece que se nos pinchó una goma.*
Ah, não! Parece que estamos com um pneu furado.

**MEIOS DE TRANSPORTE**

**RODOVIA PEDAGIADA:** *carretera de peaje*
  *¿Esta es una carretera de peaje?*
  **Esta estrada é pedagiada?**

**RUA DE MÃO DUPLA:** *calle de dos manos*
  *Puedes doblar a la derecha aquí. Es una calle de dos manos.*
  **Você pode virar à direita aqui. É uma rua de mão dupla.**

**RUA DE MÃO ÚNICA:** *calle de sentido único*
  *No puedes doblar aquí a la izquierda. Es una calle de sentido único.*
  **Você não pode virar à esquerda aqui. É uma rua de mão única.**

**SAÍDA:** *salida*
  *Tenemos que coger la salida 23. Creo que es la que sigue.*
  **Temos que pegar a saída 23. Acho que é a próxima.**

**SEMÁFORO:** *semáforo*
  *Los conductores descuidados no siempre respetan el semáforo.*
  **Motoristas descuidados nem sempre respeitam o semáforo.**

---

**PLACAS DE TRÂNSITO COMUNS EM PAÍSES DE LÍNGUA ESPANHOLA**
**SEÑALES DE TRÁNSITO COMUNES EN PAÍSES DE LENGUA ESPAÑOLA**

**TERMINA SINALOA PRINCIPIA SONORA**
FINALIZA SINALOA COMEÇA SONORA

**PARE**
PARADA OBRIGATÓRIA

**CEDA EL PASO**
DÊ A PREFERÊNCIA

**CONTRAMANO**
CONTRAMÃO

**PROHIBIDO SEGUIR ADELANTE**
SENTIDO PROIBIDO

**PROHIBIDO GIRAR A LA IZQUIERDA**
PROIBIDO VIRAR À ESQUERDA

**PROHIBIDO GIRAR A LA DERECHA**
PROIBIDO VIRAR À DIREITA

**PROHIBIDO GIRAR EN U**
PROIBIDO RETORNAR

**PROHIBIDO EL CAMINO DE CARRIL**
PROIBIDO MUDAR DE FAIXA DE TRÂNSITO

**GIRO A LA DERECHA SOLAMENTE**
VIRE À DIREITA

**PROHIBIDO ADELANTAR**
PROIBIDO ULTRAPASSAR

**PROHIBIDO CIRCULAR AUTOMOTORES**
PROIBIDO TRÂNSITO DE VEÍCULOS AUTOMOTORES

**PROHIBIDO CIRCULAR VEHÍCULOS DE CARGA**
PROIBIDO TRÂNSITO DE VEÍCULOS DE CARGA

MEIOS DE TRANSPORTE

**PROHIBIDO CIRCULAR VEHÍCULOS DE TRACCIÓN SANGRE**
PROIBIDO TRÂNSITO DE VEÍCULOS DE TRAÇÃO ANIMAL

**PROHIBIDO CIRCULAR BICICLETAS**
PROIBIDO TRÂNSITO DE BICICLETAS

**PROHIBIDO CIRCULAR MAQUINARIAS AGRÍCOLAS**
PROIBIDO TRÂNSITO DE MÁQUINAS AGRÍCOLAS

**PROHIBIDO CIRCULAR CON ANIMALES**
PROIBIDO TRÂNSITO DE ANIMAIS

**PROHIBIDO TOCAR BOCINA**
PROIBIDO ACIONAR BUZINA

**PROHIBIDO ESTACIONAR Y DETENERSE**
PROIBIDO ESTACIONAR E PARAR

**PROHIBIDO ESTACIONAR**
PROIBIDO ESTACIONAR

**PROHIBIDO CIRCULAR PEATONES**
PROIBIDO TRÂNSITO DE PEDESTRES

**PROHIBIDO CIRCULAR VEHÍCULOS DE PESO MAYOR AL INDICADO**
CARGA MÁXIMA PERMITIDA

**PROHIBIDO CIRCULAR VEHÍCULOS DE ALTURA MAYOR A LA INDICADA**
ALTURA MÁXIMA PERMITIDA

**PROHIBIDO CIRCULAR VEHÍCULOS AL ANCHO MAYOR INDICADO**
LARGURA MÁXIMA PERMITIDA

**PROHIBIDO CIRCULAR VEHÍCULOS DE LONGITUD MAYOR QUE LA INDICADA**
COMPRIMENTO MÁXIMO PERMITIDO

**VELOCIDAD MÁXIMA PERMITIDA**
VELOCIDADE MÁXIMA PERMITIDA

**TRÁNSITO LENTO POR CARRIL DERECHO**
VEÍCULOS LENTOS USEM FAIXA DA DIREITA

**USO OBLIGATORIO DE CADENAS PARA LA NIEVE**
USO OBRIGATÓRIO DE CORRENTE

**CIRCULACIÓN OBLIGATORIA**
PASSAGEM OBRIGATÓRIA

**ZONA DE ESTACIONAMIENTO**
ÁREA DE ESTACIONAMENTO

**SERVICIO TELEFÓNICO**
SERVIÇO TELEFÔNICO

MEIOS DE TRANSPORTE

**SERVICIO MECÁNICO**
SERVIÇO MECÂNICO

**ESTACIÓN DE SERVICIO**
ABASTECIMENTO

**PRIMEROS AUXILIOS**
PRONTO SOCORRO

**SANITARIOS**
SERVIÇO SANITÁRIO

**RESTAURANTE**
RESTAURANTE

**HOTEL**
HOTEL

**CAMPAMENTO**
ÁREA DE CAMPISMO

## MEIOS DE TRANSPORTE

**AEROPUERTO**
AEROPORTO

**TRANSPORTE SOBRE ÁGUA**
TRANSPORTE SOBRE ÁGUA

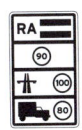

**VELOCIDAD MÁXIMA PERMITIDA**
VELOCIDADE MÁXIMA PERMITIDA

**DETENCIÓN TRANSPORTE PÚBLICO DE PASAJEROS**
PONTO DE PARADA

**GOMERÍA**
BORRACHARIA

---

**GLOSSÁRIO TEMÁTICO: O AUTOMÓVEL / GLOSARIO TEMÁTICO: EL AUTO**

**Acelerador:** *acelerador*
**Airbag:** *airbag*
**Amortecedor:** *amortiguador*
**Ar condicionado:** *aire acondicionado*
**Bagageiro:** *portaequipaje/baca*
**Banco do motorista:** *asiento del conductor*
**Banco do passageiro:** *asiento del pasajero*
**Breque/freio:** *freno*
**Breque/freio de mão:** *freno de mano*
**Buzina:** *bocina/claxón (España)*
**Buzinar:** *bocinar*
**Calota:** *tapacubos*
**Capô:** *capó*
**Chapa:** *placa; matrícula*
**Cinto de segurança:** *cinturón de seguridad*
**Combustível:** *combustible*
**Direção:** *volante*

**Direção hidráulica:** *dirección asistida*
**Embreagem:** *embrague*
**Escapamento:** *caño de escape*
**Espelho retrovisor externo:** *espejo retrovisor lateral*
**Espelho retrovisor interno:** *espejo retrovisor*
**Este carro funciona com gasolina/ diesel/eletricidade:** *este auto funciona a gasolina/gasoil/electricidad*
**Estepe:** *neumático de repuesto/goma de auxilio (Argentina)*
**Faróis dianteiros:** *faros/luces delanteros(as)*
**Funilaria:** *carrocería; chapa*
**Gasolina:** *gasolina (España y América Latina)/nafta (Argentina)*
**Injeção eletrônica:** *inyección de combustible*
**Levantar o carro:** *levantar el auto*

**Limpadores de pára-brisa:** *limpiaparabrisas*
**Macaco:** *gato*
**Marcha:** *marcha*
**Marcha à ré:** *marcha atrás*
**Painel:** *tablero de mandos/salpicadera (España)*
**Pára-brisa:** *parabrisas*
**Pára-choque:** *parachoque; paragolpes*
**Pneu:** *neumático/goma (Argentina)*
**Porta-luvas:** *guantera*
**Porta-malas:** *baúl*
**Revisão:** *puesta a punto*
**Roda:** *llanta*
**Teto solar:** *techo corredizo*
**Trocar o pneu:** *cambiar el neumático/ la goma (Argentina)*
**Trocar de marcha:** *cambiar de marcha*
**Vela:** *bujía*
**Velocímetro:** *velocímetro*
**Volante:** *volante*

# Acomodação & Hospedagem

**Fazendo reserva em um hotel por telefone**
*Reservando hotel por teléfono*

**Gostaria de fazer uma reserva para a semana de...**
*Quiero hacer una reserva para la semana de...*
**Gostaria de reservar um quarto para três noites.**
*Quisiera hacer una reserva para tres noches.*
**Você tem quartos disponíveis para a segunda semana de setembro?**
*Quisiera saber si tienen habitación para la segunda semana de septiembre.*
**Quanto é a diária para um casal/uma pessoa?**
*¿Cuánto cuesta la habitación doble/simple?*
**A diária para um casal/uma pessoa é...**
*El precio de una habitación doble/simple es...*
**O café-da-manhã está incluso?**
*¿El desayuno está incluido?*
**Isso já inclui o café-da-manhã.**
*Ese valor ya incluye el desayuno.*
**Vocês aceitam todos os cartões de crédito?**
*¿Aceptan cualquier tarjeta de crédito?*
**Aceitamos Amex, Visa e Mastercard.**
*Aceptamos Amex, Visa y Mastercard.*

**Desculpe, estamos lotados.**
*Lo siento, pero el hotel está completo.*
**Você pode recomendar algum outro hotel/motel na região?**
*¿Puede recomendarme algún otro hotel/albergue transitorio en la región?*
**Você sabe se há um albergue da juventude na cidade?**
*¿Sabes si hay algún albergue de la juventud en la ciudad?*
**Vocês têm site na internet?**
*¿Tienen un sitio en la web?*

> **DICA LEGAL 3: MOTÉIS**
> **PISTA ÚTIL 3: MOTELS**
>
> Observe que o termo *motel*, em espanhol, conserva o mesmo significado que em inglês (contração das palavras *motorist* e *hotel*, daí a ideia: hotel para motoristas). Desta forma, um *motel* em espanhol não passa de um hotel para pessoas que viajam de carro, onde normalmente é possível estacionar o carro em frente ao quarto. O termo em espanhol equivalente a *motel* em português é *casa de citas* ou *albergue transitorio*.

## Tipos de acomodação e instalações
### *Tipos de alojamiento e instalaciones*

**Qual é o tipo de acomodação?**
*¿Qué tipo de alojamiento es?*
**Vocês têm piscina/sauna/sala de ginástica?**
*¿Tienen piscina (pileta en Argentina)/sauna/gimnasio?*
**Tem hidromassagem/sala de ginástica/sauna/etc.?**
*¿Hay jacuzzi/gimnasio/sauna/etc.?*
**Onde fica a piscina/sauna/etc.?**
*¿Dónde es la piscina (pileta en Argentina)/sauna/etc?*
**Fica no décimo segundo andar.**
*Queda en el piso doce.*
**Tem frigobar no quarto?**
*¿Hay minibar en la habitación?*
**Os quartos têm TV a cabo?**
*¿Las habitaciones tienen cable?*

Vocês têm internet de banda larga?
*¿Tienen internet banda ancha?*
Tem cofre no quarto?
*¿Hay caja fuerte en la habitación?*
Tem ferro de passar no quarto?
*¿Hay plancha en la habitación?*
Vocês têm algum quarto com banheira?
*¿Tienen alguna habitación con bañadera/bañera (España)?*
Vocês têm algum quarto com cama king-size?
*¿Tienen alguna habitación con cama king-size?*

## Fazendo o check-in no hotel
### *Registrándose en el hotel*

Posso ajudar?
*¿En qué puedo ayudarlo, señor?*
Sim, tenho uma reserva em nome de Silva, Pedro Silva.
*Tengo una reserva a nombre de Silva, Pedro Silva.*
Só um minuto, senhor. Aqui está, sr. Silva. O senhor vai ficar três dias, certo?
*Un momento, por favor, señor. Aquí está, sr. Silva. Va a quedarse tres días, ¿verdad?*
O senhor pode, por favor, preencher este formulário?
*Por favor, rellene este formulario, señor.*
O senhor vai ficar no quarto 307. Vou pedir para o carregador levar sua bagagem até o quarto.
*Su habitación es la 307. El botones le subirá el equipaje a la habitación.*
Obrigado. A propósito, vocês têm serviço de despertador?
*Gracias. A propósito, ¿ustedes tienen servicio de despertador?*
Sim, senhor. Que horas o senhor gostaria de ser acordado?
*Sí, señor. ¿A qué hora desea que lo despertemos?*
Vocês têm carregador de bagagem?
*¿Tienen botones (América Latina)/mozo (España)?*
Vocês têm serviço de manobrista?
*¿Tienen aparcacoches (España)/valet parking (América Latina)?*

ACOMODAÇÃO & HOSPEDAGEM

Onde está o manobrista?
*¿Dónde está el aparcacoches?*
Você pode pedir para alguém pegar o meu carro?
*¿Puedes pedirle a alguien que me traiga el coche?*
Onde fica o elevador?
*¿Dónde queda el ascensor?*
Onde posso deixar meus objetos de valor?
*¿Dónde puedo dejar mis objetos de valor?*
Vocês têm um mapa da cidade?
*¿Tienes un mapa de la ciudad?*
A que horas é o check-out?
*¿A qué hora debo dejar la habitación?*
A que horas o café-da-manhã/o almoço/o jantar é servido?
*¿A qué hora sirven el desayuno/el almuerzo/la cena?*
Ok, muito obrigado.
*Vale (España)/Bueno (América Latina)/Listo (Argentina), muchas gracias.*
Não há de quê, senhor!
*De nada, señor.*

## No hotel: serviço de quarto
### En el hotel: servicio de habitación

Preciso de um travesseiro/toalha/cobertor extra.
*Necesito otra almohada/toalla/manta.*
Preciso de mais cabides.
*Preciso más perchas.*
Gostaria de pedir um lanche.
*Quiero/Quisiera pedir un tentempié.*
Gostaria de fazer uma ligação telefônica para o Brasil.
*Quiero/Quisiera hacer una llamada telefónica a Brasil.*
Gostaria de fazer uma ligação a cobrar.
*Quiero hacer una llamada de cobro revertido.*
Vocês têm serviço de lavanderia?
*¿Tienen servicio de lavandería?*
Vocês têm serviço de lavagem a seco?
*¿Tienen servicio de lavado a seco?*

**Vocês têm serviço de despertar?**
*¿Tienen servicio de despertador?*

**Você pode me acordar às sete horas, por favor?**
*¿Puedes despertarme a las siete de la mañana, por favor?*

**Preciso ser acordado às oito horas.**
*Preciso que me despierten a las ocho.*

## No hotel: problemas no quarto
### En el hotel: problemas en la habitación

**A TV não está funcionando direito.**
*El televisor no funciona bien.*

**Parece haver algum problema com o controle remoto.**
*Parece que el control remoto tiene un desperfecto.*

**O ar-condicionado/aquecimento não está funcionando bem.**
*El aire acondicionado/la calefacción no está funcionando bien.*

**O secador de cabelos não está funcionando.**
*El secador de pelo no funciona.*

**Não há papel higiênico no banheiro.**
*No hay papel higiénico en el baño.*

**A descarga não está funcionando.**
*La cadena del baño no funciona.*

**A pia está entupida.**
*El lavabo está tapado.*

**O ralo do chuveiro está entupido.**
*La rejilla de la ducha está tapada.*

**O elevador/a máquina de lavar está quebrado(a).**
*El ascensor/la máquina de lavar está roto(a).*

**A torneira está pingando muito.**
*La canilla (Argentina)/el grifo (España) gotea mucho.*

**Tem um vazamento no teto.**
*Hay una infiltración en el techo.*

**Eu poderia trocar de quarto, por favor?**
*Quiero cambiar de habitación, por favor.*

> No se preocupe, señor. Enviaré inmediatamente a alguien para que verifique qué pasa.

🔊 **Diálogo: Problemas con el aire acondicionado**

**Recepción:** Recepción, Alberto. ¿En qué puedo ayudarlo, señor?
**Turista:** Hola, sí, es que tenemos un problema con el aire acondicionado. No funciona bien.
**Recepción:** No se preocupe, señor. Enviaré inmediatamente a alguien para que verifique qué pasa.
**Turista:** Ah, y de paso, ¿podría mandarnos una toalla más?
**Recepción:** Por supuesto, señor. Le pediré a la gobernanta que le lleve algunas toallas a la habitación
**Turista:** ¡Muchas gracias!
**Recepción:** ¡De nada, señor!

Veja a tradução desse diálogo na p. 130.

## No hotel: pedidos e necessidades
🔊 *En el hotel: pedidos y necesidades*

**Tem algum parque aqui perto onde eu possa correr?**
 *¿Hay algún parque aquí cerca donde pueda correr?*
**Tem algum lugar aqui perto onde eu possa trocar dinheiro?**
 *¿Hay algún lugar aquí cerca donde pueda cambiar dinero?*
**Qual é a taxa de câmbio para o real?**
 *¿Cómo está la cotización del real?*

**Onde posso alugar um carro aqui perto?**
*¿Dónde puedo alquilar un auto aquí cerca?*

**Você tem um centro de negócios onde eu possa usar um computador?**
*¿Tienen un centro de negocios donde pueda usar una computadora?*

**Você pode, por favor, checar se há algum recado para o quarto...?**
*¿Podría fijarse, por favor, si hay algún mensaje para la habitación...?*

**Tem um restaurante/lanchonete aqui perto?**
*¿Hay algún restaurante/alguna cafetería cerca?*

**Onde posso comprar comida aqui perto?**
*¿Dónde puedo comprar algo para comer por aquí?*

**Tem algum lugar de comida pronta para levar aqui perto?**
*¿Hay alguna rotisería por aquí cerca?*

**Onde fica o supermercado mais próximo?**
*¿Dónde queda el supermercado más cercano?*

**Que atrações há para visitar aqui perto?**
*¿Qué atracciones turísticas podemos visitar aquí cerca?*

**A que distância está o centro da cidade?**
*¿A qué distancia queda el centro de la ciudad?*

**É seguro ir a pé?**
*¿Es seguro ir a pie?*

**A que distância está a praia?**
*¿A qué distancia queda la playa?*

**Podemos chegar lá de metrô/ônibus?**
*¿Podemos llegar en metro (subte en Argentina)/ómnibus?*

**Você pode me chamar um táxi?**
*¿Puedes llamarme un taxi?*

**Quanto custa uma corrida até...?**
*¿Cuánto cuesta un taxi hasta...?*

**Vocês têm serviço de manobrista?**
*¿Tienen aparcacoches (España)/valet parking (América Latina)?*

**Você pode pedir para alguém pegar o meu carro?**
*¿Puedes pedirle a alguien que me traiga el coche?*

ACOMODAÇÃO & HOSPEDAGEM

## No hotel: fazendo o check-out
### En el hotel: dejando la habitación

**A que horas é o check-out?**
*¿A qué hora hay que dejar la habitación?*

**Gostaria de fazer o check-out, por favor.**
*Quisiera cerrar mi cuenta, por favor.*

**Vocês aceitam todos os cartões?**
*¿Aceptan todas las tarjetas de crédito?*

**Claro, senhor. Aceitamos todos os principais cartões.**
*Por supuesto, señor. Aceptamos las principales tarjetas.*

**Muito bem, aqui está.**
*Muy bien, aquí la tiene.*

**O senhor consumiu alguma coisa do frigobar?**
*¿Ha comido o bebido algo del minibar?*

**Obrigado, senhor. Vamos cobrar o total de 719 pesos no seu cartão. O senhor pode assinar aqui?**
*Gracias, señor. Su factura totaliza 719 pesos y el pago será efectuado con tarjeta. Firme aquí, por favor.*

**Ao que se refere este item?**
*¿A qué se refiere este valor?*

**O senhor precisa de ajuda com as malas?**
*¿Podemos ayudarlo con su equipaje?*

**Vou pedir para o carregador de malas/boy trazer suas malas.**
*Voy a pedirle al botones que traiga su equipaje.*

**Preciso ir para o aeroporto. Vocês poderiam chamar um táxi para mim, por favor?**
*Tengo que ir al aeropuerto. ¿Pueden pedirme un taxi, por favor?*

**Obrigado por ficar em nosso hotel. Esperamos vê-lo novamente!**
*Gracias por elegir nuestro hotel. Esperamos contar nuevamente con su presencia.*

## Pedindo indicação de caminho
🔊 *Para preguntar cómo se llega a un lugar*

Como posso chegar até... daqui?
   *¿Cómo llego a... desde aquí?*
Você pode me dizer como chegar ao... daqui?
   *¿Puedes decirme cómo se llega a... desde aquí?*
É muito longe para ir a pé?
   *¿Es muy lejos para ir a pie?*
Dá para ir a pé?
   *¿Se puede ir a pie?*
Qual é a distância?
   *¿A qué distancia queda?*
Quantos quarteirões daqui?
   *¿Cuántas cuadras son desde aquí?*
Dá para chegar lá de metrô?
   *¿Se puede llegar en metro (España y América Latina)/subte (Argentina)?*
Dá para ir de ônibus daqui?
   *¿Se puede ir en autobús desde aquí?*
Você pode me mostrar no mapa?
   *¿Puedes mostrarme dónde queda en el mapa?*
Há uma estação de metrô perto daqui?
   *¿Hay alguna estación de metro (España y América Latina)/subte (Argentina) cerca?*
Onde é o ponto de ônibus mais próximo?
   *¿Dónde queda la parada de ómnibus más cercana?*
Com licença, você pode me dizer onde fica o posto de gasolina mais próximo daqui?
   *Perdón, podrías decirme dónde queda la gasolinera(España)/ estación de servicio (Argentina) más cercana?*
Como chego à estrada daqui?
   *¿Cómo llego a la carretera desde aquí?*
Com licença, como chego ao aeroporto daqui?
   *Perdón, ¿cómo llego al aeropuerto desde aquí?*
Tem um banco/shopping aqui perto?
   *¿Hay algún banco/shopping cerca de aquí?*

**Você sabe se tem uma loja de conveniência aqui perto?**
*¿Sabes si hay una tienda de conveniencia(España)/un polirrubro o maxiquiosco (en Argentina) por aquí?*
**Tem um cyber café aqui perto?**
*¿Hay algún ciber café por aquí cerca?*


## 🔊 Diálogo: Preguntando cómo se llega a un lugar

**Turista:** Perdón. ¿Sabes si hay una farmacia cerca?
**Peatón:** Sí hay una a dos cuadras de aquí. Es muy fácil llegar.
**Turista:** Gracias. También necesito dinero en efectivo. ¿Sabes si hay algún banco por aquí cerca?
**Peatón:** En realidad hay un cajero automático en la farmacia de la que te hablé. Puedes sacar dinero allí.
**Turista:** ¡Ah, perfecto! Muchas gracias por tu ayuda.
**Peatón:** ¡De nada!

Veja a tradução desse diálogo na p. 131.


## Indicando o caminho
### 🔊 Para explicar cómo se llega a un lugar

**Continue reto até a rua Florida.**
*Sigue derecho hasta la calle Florida...*
**Você tem que virar à direita na próxima rua.**
*Tienes que doblar a la derecha en la próxima esquina.*
**Ande um quarteirão e vire à esquerda.**
*Camina una cuadra y dobla a la izquierda.*
**Entre à esquerda no próximo farol.**
*Gira a la izquierda en el próximo semáforo.*
**Fica logo ali na esquina.**
*Queda justo ahí en la esquina.*
**Dá para ir a pé.**
*Se puede ir a pie.*
**Você pode ir a pé.**
*Puedes ir a pie.*

**Está a quatro quarteirões daqui**
*Queda a cuatro cuadras de aquí.*
**É mais fácil se você pegar o metrô/um táxi.**
*Es más fácil si tomas el metro/un taxi.*
**Se eu fosse você pegaria o ônibus.**
*Yo, en tu lugar, tomaría el autobús.*
**Há uma estação de metrô aqui perto.**
*Hay una estación de metro (España y América Latina)/subte (Argentina) aquí cerca.*
**Tem um ponto de ônibus no próximo quarteirão.**
*Hay una parada en la otra cuadra.*
**Você pode pegar o metrô na(o)...**
*Puedes tomar el metro (España y América Latina)/subte (Argentina) en...*
**Você pode pegar o ônibus e descer na(o)...**
*Toma el autobús y bájate en...*
**Você pode chegar lá de metrô.**
*Puedes llegar en metro (España y América Latina)/subte (Argentina).*

## Ligações telefônicas: pedindo ajuda à telefonista
🎵 *Llamadas telefónicas: pidiéndole ayuda a la telefonista*

**Você pode, por favor, me ajudar a ligar para o Brasil?**
*¿Puedes ayudarme a llamar a Brasil?*
**Qual é o código de área de São Paulo/Rio de Janeiro/etc.?**
*¿Cuál es el código de área de São Paulo/Rio de Janeiro/etc.?*
**Você pode falar devagar, por favor?**
*¿Puedes hablar más despacio, por favor?*
**Gostaria de fazer uma ligação para o Brasil.**
*Quisiera hacer una llamada a Brasil.*
**Gostaria de fazer uma ligação a cobrar para...**
*Quisiera hacer una llamada de cobro revertido a...*
**Não consigo ligar para...**
*No consigo comunicarme con...*

## Ligações telefônicas: frases usuais
🔊 *Llamadas teléfonicas: expresiones frecuentes*

**Quem está ligando, por favor?**
*¿Quién habla, por favor?*
**Quem gostaria de falar, e qual é o assunto, por favor?**
*¿Su nombre, por favor? ¿De qué se trata?*
**Espere um segundo, por favor.**
*Espere un momento, por favor./Aguarde un instante por favor.*
**Vou transferir você para...**
*Lo comunico con...*
**Vou transferir sua ligação.**
*Voy a transferir su llamada.*
**Vou pôr você no viva-voz...**
*Voy a conectarte a los altavoces.*
**Vou colocar você na espera.**
*Te pongo en espera.*
**A linha está ocupada.**
*El teléfono comunica (España)./La línea está ocupada.*
**Só dá ocupado.**
*Da siempre ocupado./Solo comunica.*
**Você pode me ligar depois?**
*¿Puedes llamarme más tarde?*
**Te ligo mais tarde.**
*Te llamo más tarde.*
**Você gostaria de deixar um recado?**
*¿Quieres dejar un mensaje/recado?*
**Desculpe, acho que você está com o número errado.**
*Disculpe, pero ese número no corresponde.*
**Alô, aqui quem está falando é o Pablo/a Maria.**
*Hola, habla Pablo/María.*
**Estou ligando a respeito de...**
*Llamo a respecto de...*
**Estou ligando em nome de...**
*Hablo de parte de...*
**O sr. Sánchez/A Susana está?**
*¿Está el sr. Sánchez/Susana?*

**Você pode pedir a ele/ela para retornar minha ligação?**
*¿Puedes pedirle que me llame?*

**Vou enviar um e-mail para ele.**
*Voy a mandarle un e-mail.*

**Meu endereço de e-mail é paulosilva arroba comercial ponto com ponto ar.**
*Mi dirección de e-mail es paulosilva arroba comercial punto com punto ar.*

**Desculpe, a ligação está péssima. Posso te ligar de volta?**
*Perdona, se escucha muy mal. Ya te vuelvo a llamar.*

**Deixei um recado na sua secretária eletrônica.**
*Dejé un mensaje en tu/su\* contestador automático.*

**Por favor, não desligue.**
*Por favor, no cuelgues/cuelgue\*.*

**Desculpe, foi engano!**
*Perdón, número equivocado.*

# Alimentação

> ¿Puede explicarnos cómo llegar?

> Por supuesto. Se los muestro en el mapa.

### 🔊 Diálogo: Buscando un lugar para comer

**Turista:** Perdón, ¿puede recomendarme un buen restaurante por aquí cerca?
**Recepción:** Cómo no, señora. ¿Qué tipo de comida prefiere?
**Turista:** Puede ser pastas y ensalada, y hamburguesas y papas fritas para los niños.
**Recepción:** Bueno, en ese caso le recomiendo ir a la plaza de comidas del shopping Floresta que queda acá nomás.
**Turista:** Me parece bien. ¿Puede explicarnos cómo llegar?
**Recepción:** Por supuesto. Se los muestro en el mapa

Veja a tradução desse diálogo na p. 131.

> **DICA LEGAL 4: MODALIDADES DE RESTAURANTES**
> **PISTA ÚTIL 4: MODALIDADES DE RESTAURANTES**
>
> Na Argentina e no Uruguai, quando um restaurante indica que é *tenedor libre* (garfo livre) significa que você pode comer o quanto quiser por um preço fixo, preestabelecido.

## Procurando um lugar para comer: frases comuns
🔊 *Buscando un lugar para comer: frases frecuentes*

**Tem uma lanchonete aqui perto?**
*¿Hay una cafetería aquí cerca?*

**Tem algum restaurante por aqui?**
*¿Hay algún restaurante por aquí?*

**Gostaríamos de ir a um restaurante de fast-food.**
*Queremos ir a un restaurante de comida rápida.*

**Você sabe onde fica a praça de alimentação?**
*¿Sabes dónde queda el patio (Argentina)/la plaza (México)/la feria (Venezuela) de comidas?*

**Você pode recomendar algum restaurante bom?**
*¿Puedes recomendarme algún buen restaurante?*

**Você conhece algum restaurante brasileiro/chinês/japonês/francês/italiano/português aqui perto?**
*¿Conoces algún restaurante brasileño/chino/japonés/francés/italiano/portugués por aquí?*

**Onde podemos encontrar um bom restaurante aqui perto?**
*¿Dónde podemos encontrar un buen restaurante aquí cerca?*

**Tem um restaurante vegetariano aqui perto?**
*¿Hay algún restaurante vegetariano aquí cerca?*

**Você sabe se há uma churrascaria aqui perto?**
*¿Hay alguna parrilla por acá?*

## Chegando ao restaurante
🔊 *Llegando al restaurante*

**Grupo de cinco pessoas, por favor.**
*Mesa para cinco personas, por favor.*
**Somos em quatro.**
*Somos cuatro.*
**Vocês têm área para não fumantes?**
*¿Tienen sector de no fumadores?*
**Você pode nos arrumar uma mesa perto da janela?**
*¿Puedes conseguirnos una mesa cerca de la ventana?*
**Onde fica o toalete, por favor?**
*¿Dónde es el baño/toilette/aseo/servicio/lavabo?*
**Desculpe, o restaurante está cheio. Teremos uma mesa para vocês em aproximadamente quinze minutos.**
*Lo siento, pero el restaurante está lleno. La espera es de quince minutos.*

## No restaurante: pedindo o cardápio
🔊 *En el restaurante: pidiendo el menú*

**Você pode me/nos trazer o cardápio, por favor?**
*¿Puede traerme/traernos el menú/la carta, por favor?*
**Gostaria de olhar o cardápio, por favor.**
*Quería ver el menú/la carta, por favor.*
**Posso dar uma olhada no cardápio, por favor?**
*¿Puedo echarle una ojeada al menú/la carta, por favor?*
**Posso ver o cardápio, por favor?**
*Querría ver el menú/la carta, por favor.*
**Posso ver a carta de vinhos, por favor?**
*¿Puedo ver la carta de vinos, por favor?*

## No restaurante: frases do garçom
🔊 *En el restaurante: frases del camarero*

**Quantas pessoas no seu grupo, por favor?**
*¿Mesa para cuántas personas?*
**Gostaria(m) de olhar o cardápio?**
*¿Quieren ver el menú?*
**Você(s) está(ão) prontos para pedir?**
*¿Desean hacer el pedido?*
**Posso anotar o pedido de vocês?**
*¿Puedo tomarles el pedido?*
**O que posso trazer para vocês?**
*¿Qué les traigo/sirvo?*
**O que você(s) gostaria(m) de beber?**
*¿Qué vas/van a beber?*
**Volto já com suas bebidas.**
*Ya les traigo las bebidas.*
**Gostaria(m) de mais alguma coisa?**
*¿Se les ofrece algo más?*
**Como o senhor gostaria o seu bife?**
*¿Cómo quiere el bife/bistec, señor?*
**O que gostariam de sobremesa?**
*¿Qué desean de postre?*
**E de sobremesa?**
*¿Y de postre?*
**Volto já.**
*Ya vuelvo.*

## No restaurante: fazendo o pedido
🔊 *En el restaurante: haciendo el pedido*

**Com licença, estamos prontos para fazer o pedido, por favor.**
*Camarero, queremos hacer el pedido.*
**Você pode, por favor, anotar o nosso pedido?**
*¿Puede tomar el pedido, por favor?*

**Eu queria primeiro uma salada de alface, por favor.**
*De primero quería una ensalada de lechuga, por favor.*
Veja *Cardápios*, p. 75, e *Glossário temático: Alimentação*, p. 82.
**Gostaríamos de começar com a sopa de legumes, por favor.**
*Para empezar queremos una sopa de verdura, por favor.*
**Você pode nos trazer pão de alho e manteiga, por favor?**
*Tráiganos, por favor, pan con ajo y manteca/mantequilla.*
**Vocês servem café-da-manhã?**
*¿Sirven desayuno?*
**Vou querer o peito de frango grelhado com batatas, por favor.**
*Sírvame la pechuga de pollo a la plancha con papas/patatas, por favor.*
Veja *Cardápios*, p. 75, e *Glossário temático: Alimentação*, p. 82.
**Vou querer o bife com batatas fritas, por favor.**
*Quiero un bife/bistec con papas/patatas fritas, por favor.*
**Eu queria o meu bife malpassado/no ponto/bem passado, por favor.**
*El bife/bistec lo quiero jugoso/a punto/bien cocido.*
**Eu queria o espaguete com almôndegas.**
*Tráigame espagueti con albóndigas, por favor.*
**Vocês têm algum prato vegetariano?**
*¿Tienen platos vegetarianos?*
**Que tipo de massas vocês têm?**
*¿Qué tipo de pastas tienen?*
**Vou querer um cheeseburguer.**
*Quiero una hamburguesa con queso.*

## No restaurante: pedindo bebidas
### *En el restaurante: pidiendo las bebidas*

**Eu queria uma coca normal, sem gelo, por favor.**
*Sírveme una coca normal, sin hielo, por favor.*
Veja *Cardápios "bebidas"*, p. 79, e *Glossário temático: Alimentação*, p. 82.
**Que tipos de refrigerante vocês têm?**
*¿Qué gaseosas tienen?*
**Vocês têm suco de laranja feito na hora?**
*¿Tienen jugo/zumo (España) de naranja fresco?*

**Eu queria um suco de abacaxi/maracujá.**
*Quiero un jugo/zumo de piña/maracuyá (parchita en Venezuela).*

**Vou tomar uma cerveja.**
*Para mí una cerveza, por favor.*

**Vocês têm chope?**
*Tienen cerveza de barril (México)/tirada (Argentina).*

**Queríamos vinho tinto/branco. Você poderia trazer a carta de vinhos, por favor?**
*Queríamos un vino tinto/blanco. ¿Podrías traernos la carta de vinos, por favor?*

**Eu queria uma dose de uísque, por favor.**
*Un whisky/güisqui, por favor.*

**Que tipos de coquetéis você tem aqui?**
*¿Qué tipos de cóctel sirven aquí?*

## No restaurante: outros pedidos e comentários
### En el restaurante: otros pedidos y comentarios

**Você pode me trazer um canudinho, por favor?**
*¿Puedes traerme una pajilla (España)/un sorbete (Argentina)/un popote (México), por favor?*

**Você pode me trazer um copo com gelo, por favor?**
*¿Podrías traerme un vaso con hielo, por favor?*

**Você pode nos trazer o sal/açúcar, por favor?**
*Tráenos la sal/el azúcar, por favor.*

**Você poderia, por favor, nos trazer pão e manteiga?**
*¿Podrías ponernos pan y manteca?*

**Você pode nos trazer queijo ralado, por favor?**
*¿Podrías traernos queso rayado, por favor?*

**Você pode me trazer outro copo/garfo/faca/colher, por favor?**
*¿Podrías traerme otro vaso/tenedor/cuchillo/otra cuchara, por favor?*

**Você poderia me trazer um cinzeiro, por favor?**
*Un cenicero, por favor.*

**Você pode me arrumar palitos de dente?**
*Consígueme unos escarbadientes/mondadientes, por favor.*

**Você pode nos trazer alguns guardanapos?**
*¿Puedes traernos más servilletas?*
**Você poderia trocar a toalha de mesa, por favor?**
*Por favor, ¿puedes cambiar el mantel?*
**Vou tomar um café, por favor.**
*Quería un café, por favor.*
**Você pode me trazer um café expresso?**
*¿Puedes traerme un café exprés?*
**Onde é o toalete, por favor?**
*¿Dónde es el lavabo, por favor?*
**Como está o seu prato?**
*¿Qué tal tu plato?*
**Qual é o seu prato favorito?**
*¿Cuál es tu plato favorito/preferido?*

## Comentários ao final da refeição
*Comentarios al final de la comida/de sobremesa*

**O almoço/jantar estava delicioso.**
*El almuerzo/la cena estaba exquisito(a).*
**Não consigo comer mais nada, estou satisfeito.**
*No puedo comer más, estoy repleto(a).*
**Acho que vou pular a sobremesa.**
*Yo paso del postre.*
**Vou tomar um sorvete de chocolate/baunilha.**
*Voy a tomarme un helado de chocolate/vainilla.*
Veja *Cardápios "postres"*, p. 79, e *Glossário temático: Alim*entação, p. 82.
**Acho que só vou tomar um café.**
*Para mí solo un café.*
Veja *Cardápios "bebidas"*, p. 79, e *Glossário temático: Alimentação*, p. 82.
**Vou tomar um café expresso.**
*Quiero un café exprés.*
**Pode nos trazer a conta, por favor?**
*¿Puede traernos la adición/cuenta, por favor?*
**O serviço/A gorjeta está incluso(a)?**
*¿El servicio/La propina está incluido(a)?*

**Acho que deveríamos dar uma gorjeta para o garçom.**
*Creo que debemos dejarle propina al mozo (Argentina)/camarero/mesero (España).*

**Precisamos de um recibo.**
*Necesitamos recibo.*

**Pode nos trazer um recibo, por favor?**
*¿Puede darnos recibo, por favor?*

> **DICA LEGAL 5: GORJETAS / PISTA ÚTIL 5: PROPINA**
>
> Na Argentina é costume deixar uma *propina* (gorjeta) equivalente a 10% do valor pago em lanchonetes e restaurantes. Também é comum dar uma gorjeta a porteros, carregadores e lanterninhas em espetáculos.

### 🔊 Diálogo: En la café

**Camarera:** ¿Qué les sirvo, muchachos?
**Turista 1:** Yo quiero una hamburguesa con queso y papas fritas.
**Turista 2:** Y para mí un tostado de jamón y queso y una ensalada de lechuga.
**Camarera:** ¿Y que van a tomar?
**Turista 1:** ¿Tienen jugo de naranjas fresco?
**Camarera:** Sí, ¿quieres uno?
**Turista 1:** Sí, gracias
**Turista 2:** Y yo quiero una coca normal.
**Camarera:** Listo. Ya les traigo las bebidas.

Veja a tradução desse diálogo na p. 131.

## Cardápios
*Menus*

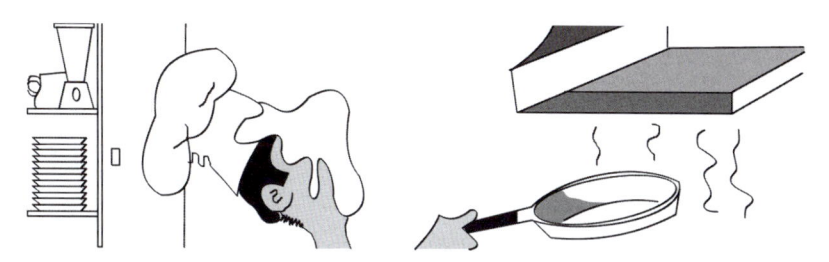

Veja nesta seção pratos típicos do *desayuno* (café-da-manhã), *almuerzo* (almoço), *tentempiés* (lanches) e *cena* (jantar) nos cardápios de países de língua espanhola. Não deixe de também ver *Glossário temático*: *Alimentação*, p. 82.

Ciudad de México (marzo de 2007): algumas possibilidades de café-da-manhã

**EL PORTÓN**
*Huevos al gusto, jugo o fruta y café americano* — $57

**TOKS**
*Huevos rancheros, a la mexicana, revueltos naturales, fritos o poché, jugo o fruta, café o té, pan tostado, mantequilla y mermelada de fresa* — $58

**CALIFORNIA RESTAURANTES**
*Huevos revueltos o fritos, jugo o fruta y café americano* — $60

**VIPS**
*Huevos al gusto, jugo o fruta y café americano* — $60

**POTZOLCALLI**
*Huevos rancheros o revueltos con jamón o fritos a la mexicana, gelatina, jugo o fruta, pan dulce y café americano* — $61

ALIMENTAÇÃO

**WINGS**
Huevos tibios, fritos o revueltos con jamón o tocino, jugo o fruta, café, té o leche, bolillo, mantequilla y mermelada     $64

**SANBORNS**
Huevos al gusto, jugo o fruta y café americano     $68

---

Extraído de http://www.profeco.gob.mx/encuesta/brujula/bruj_2007/bol35_desayuno.asp

**Huevos al gusto:** ovos ao gosto
**Huevos revueltos:** ovos mexidos
**Huevos poché:** ovos pochê
**Huevos fritos:** ovos fritos
**Huevos tibios:** ovos quentes
**Pan tostado:** torrada
**Jamón:** presunto
**Té:** chá
**Café:** café
**Leche:** leite
**Mantequilla/Manteca (Argentina):** manteiga
**Jugo/Zumo (España):** suco
**Mermelada de fresa/frutilla (Argentina):** geléia de morango
**Pan dulce:** pão doce

> DICA LEGAL 6: CAFÉ-DA-MANHÃ NO MÉXICO
> PISTA ÚTIL 6: DESAYUNO MEXICANO
>
> Os *Huevos* (ovos) *rancheros* são tradicionais no *desayuno* (café-da-manhã) mexicano. A versão mais difundida leva *tortillas* (massa fina e crocante) ligeiramente fritas cobertas com *huevo* (ovo) frito com tomate e *salsa* (molho) picante, *frijoles refritos* (feijão frito), fatias de *aguacate* (abacate), *papas* (batatas) fritas e *olivas* (azeitonas).

## El desayuno en Colombia, Venezuela, Nicaragua y Costa Rica

*Café, té y leche:* café, chá e leite
*Jugo natural:* suco natural
*Variedad de frutas:* variedade de frutas
*Cereales con leche:* cereais com leite
*Pan casero:* pão caseiro
*Tostadas:* torradas
*Arepas:* espécie de pãezinhos feitos com farinha de milho
*Jamón:* presunto
*Mantequilla:* manteiga
*Miel:* mel
*Huevos revueltos:* ovos mexidos
*Panqueques:* panquecas
**Costo aproximado por persona: 2000 colones (moneda de Costa Rica)**

## El desayuno en Argentina

*Café con leche, mate cocido, té:* café com leite, chá mate, chá preto
*Medialunas:* croissant
*Facturas:* pães doces
*Pan con manteca y/o dulce de leche:* pão com manteiga e/ou doce de leite
*Tostadas:* torradas
*Galletitas saladas:* bolachas de água e sal
**Costo aproximado por persona: 20 pesos argentinos**

---

### RESTAURANTE SARTÉN DE COBRE
Suipacha, 2 - Buenos Aires, Centro

### CARTA

**Tabla clásica (Para dos personas)**     **$75,00**
**(Paté de hígado de gallina, Jamón crudo, Mortadela, Salame de campo, Queso de cabra, Queso gruyere, Queso roquefort, Morcilla de campo con pepinillos, Jamon cocido, Berenjenas y zanahorias en escabeche**

ALIMENTAÇÃO

**Tabla del chef (Para dos personas)** $ 105,00
(Paté de hígado de ganso, Jamón crudo y cocido, Berenjenas y zanahorias en escabeche, Salame y longaniza de campo, Queso cremoso con hierbas, Bondiola especial, Salmon ahumado, Queso gruyere, roquefort, bocconcinos y dambo, Queso feta de cabra, Morcilla de campo con nueces, Tortilla de papas

## VARIOS
| | |
|---|---|
| Pequeño tapeo del dia (1 persona) | $30,00 |
| Batata frita | $12,00 |
| Papas fritas | $10,00 |
| Tomates secos | $15,00 |
| Paté de aceitunas | $11,00 |

## PLATOS Y GUARNICIONES

### ENSALADAS
**Ensalada Mediterránea** $24,00
(tomates, rúcula, aceitunas negras, bastones de pollo, sésamo y variedad de hojas verdes)
**Ensalada Criolla** $18,00
(Lechuga, tomate y cebolla)
**Ensalada Verde** $13,00
(lechuga, rúcula, berro, escarola)
**Ensalada Caesar** $28,00
(Salmón ahumado, espinacas, queso gruyere y vinagreta)

### ENTRADAS
**Bastones de mozzarella apanados, con salsa de tomate fresco** $16,00
**Tacos mexicanos** $20,00
(mix de carne, pollo, verduras y queso)

## PLATOS PRINCIPALES

| | |
|---|---|
| Pechuga de pollo a la grilla, mostaza dijon, tomates secos y zapallitos | $23,00 |
| Bife de lomo con papas al romero | $35,00 |
| Ravioles de rúcula y parmesano con crema de hierbas | $25,00 |
| Salmón rosado con sésamo tostado, risotto de verduras y salsa verde | $40,00 |
| Verduras grilladas | $18,00 |
| Ñoquis de espinaca con tomate fresco y albahaca | $21,00 |

### Sándwiches

| | |
|---|---|
| Clásico tostado de jamón y queso | $12,00 |
| Lomito en pan de campo con lechuga, tomate y cebolla | $22,00 |
| Hamburguesa con queso, lechuga y tomate | $20,00 |
| Pan de campo, pechuga de pavo, queso cheddar y mayonesa especiada | $21,00 |
| Pan italiano, salmón ahumado, queso brie y perejil | $23,00 |
| Pan de salvado, cream cheese y verduras asadas | $18,00 |

## POSTRES Y TORTAS

| | |
|---|---|
| Helado de limón con salsa de moras | $12,00 |
| Chocotorta con helado de crema americana | $13,00 |
| Helado de crema batido con Baileys y obleas | $16,00 |
| Tarta de manzanas con crema de leche | $15,00 |

## BEBIDAS

| | |
|---|---|
| Café | $2,00 |
| Café exprés | $3,00 |
| Café con leche | $4,00 |

| | |
|---|---|
| *Submarino* | $6,00 |
| *Jugo natural de naranjas* | $4,00 |
| *Jugos (ananá, melón, sandía)* | $4,00 |
| *Té* | $3.25 |
| *Gaseosas* | $2.50 |
| *Licuado de frutas* | $4.25 |
| *Cerveza tirada (chopp de 700 ml)* | $7.35 |

*Carta:* cardápio
*Tablas (para dos personas):* tábuas de frios e queijos (para duas pessoas)
*Tabla clásica:* tábua clássica
*Paté de hígado de gallina:* patê de fígado de galinha
*Jamón crudo:* presunto crú
*Mortadela:* mortadela
*Salame de campo:* salame da fazenda
*Queso de cabra:* queijo de cabra
*Queso gruyere:* queijo gruyére
*Queso roquefort:* queijo roquefort
*Morcilla de campo con pepinillos:* morcela da fazenda com picles de pepino
*Jamon cocido:* presunto cozido
*Berenjenas zanahorias en escabeche:* berinjelas e cenouras em escabeche
*Tabla del chef (para dos personas):* tábua do chef (para duas pessoas)
*Paté de hígado de ganso:* patê de fígado de ganso
*Jamón crudo y cocido:* presunto cru e cozido
*Salame y longaniza de campo:* salame e lingüiça da fazenda
*Queso cremoso con hierbas:* queijo cremoso com ervas
*Bondiola especial:* copa especial
*Salmon ahumado:* salmão defumado
*Bocconcinos y dambo:* salgadinho e queijo dambo
*Queso feta de cabra:* queijo feta de cabra
*Morcilla de campo con nueces:* morcela da fazenda com nozes
*Tortilla de papas:* fritada de batatas
*Varios:* vários
*Pequeño tapeo del dia (1 persona):* porções para beliscar
*Batata frita:* batata doce frita
*Papas fritas:* batatas fritas

*Tomates secos:* tomates secos
*Paté de aceitunas:* patê de azeitonas
*Platos y guarniciones:* pratos e guarnições
*Ensaladas:* saladas
*Ensalada mediterránea (tomates, rúcula, aceitunas negras, bastones de pollo, sésamo y variedad de hojas verdes):* salada mediterrânea (tomates, rúcula, azeitonas pretas, bastõezinhos de frango, gergelim e variedade de folhas verdes)
*Ensalada criolla (lechuga, tomate y cebolla):* salada crioula (alface, tomate e cebola)
*Ensalada verde (lechuga, rúcula, berro, escarola):* salada verde (alface, rúcula, agrião, escarola)
*Ensalada Caesar (salmón ahumado, espinacas, queso gruyere y vinagreta):* salada Caesar (salmão defumado, espinafre, queijo gruyere e vinagrete)
*Entradas:* entradas
*Bastones de mozzarella apanados, con salsa de tomate fresco:* bastõezinhos de mozzarella empanados, com molho de tomate fresco
*Tacos mexicanos (mix de carne, pollo, verduras y queso):* tacos mexicanos (mix de carne, frango, verduras e queijo)
*Platos principales:* pratos principais
*Pechuga de pollo a la grilla, mostaza dijon, tomates secos y zapallitos:* peito de frango grelhado com mostarda dijon, tomates secos e abobrinha
*Bife de lomo con papas al romero:* bife de filé mignon com batatas ao alecrim
*Ravioles de rúcula y parmesano con crema de hierbas:* raviólis de rúcula e parmesão com creme de ervas.
*Salmón rosado con sésamo tostado, risotto de verduras y salsa verde:* salmão rosado com gergelim torrado, risoto de verduras e molho verde
*Verduras grilladas:* verduras grelhadas
*Ñoquis de espinaca con tomate fresco y albahaca:* nhoque de espinafre com tomate fresco e manjericão
*Clásico tostado de jamón y queso:* misto quente de presunto e queijo
*Lomito en pan de campo con lechuga, tomate y cebolla:* filé mignon em pão da fazenda com alface, tomate e cebola
*Hamburguesa con queso, lechuga y tomate:* cheeseburger com alface e tomate
*Pan de campo, pechuga de pavo, queso cheddar y mayonesa especiada:* pão da fazenda, peito de peru, queijo cheddar e maionese temperada.
*Pan italiano, salmón ahumado, queso brie y perejil:* pão italiano, salmão defumado, queijo brie e salsinha
*Pan de salvado, cream cheese y verduras asadas:* pão de fibra de trigo, requeijão e verduras assadas

*Postres y tortas:* sobremesas e tortas
*Helado de limón con salsa de moras:* sorvete de limão com molho de amoras
*Chocotorta con helado de crema americana:* torta de chocolate com sorvete de creme americano
*Helado de crema batido con Baileys y obleas:* sorvete de creme batido con Baileys e wafers
*Tarta de manzanas con crema de leche:* torta de maçã com creme de leite
*Bebidas:* bebidas
*Café:* café
*Café exprés:* café expresso
*Café con leche :* café com leite
*Submarino:* copo de leite quente com uma barra de chocolate amargo
*Jugo natural de naranjas:* suco de laranjas feito na hora
*Jugos (ananá, melón, sandía):* sucos (abacaxi, melão, melancia)
*Té:* chá
*Gaseosas:* refrigerantes
*Licuado de frutas:* vitamina de frutas
*Cerveza tirada (chopp de 700 ml):* chope (caneca de 700 ml)

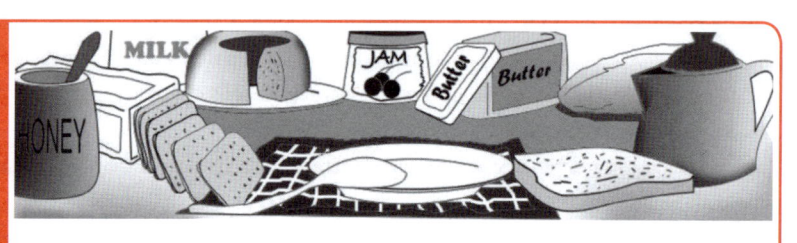

## CAFÉ-DA-MANHÃ *Desayuno*

**Açúcar:** *azúcar*
**Adoçante:** *edulcorante*
**Biscoito de água e sal:** *galletita salada*
**Biscoito doce:** *bizcochito dulce*
**Bolacha:** *galleta/galletita dulce*
**Bolo:** *torta/pastel/bizcochuelo*
**Bolo de chocolate:** *torta/pastel/bizcochuelo de chocolate*
**Café:** *café*
**Café com leite:** *café con leche*
**Café puro:** *café negro o solo (España)/puro (Chile)/tinto (Colombia)*
**Cereal:** *cereal*
**Flocos de milho:** *copos de maíz*
**Croissant:** *medialuna*
**Geléia:** *mermelada/dulce*
**Geléia de morango:** *mermelada/dulce de frutillas/fresas (España)*
**Geléia de pêssego:** *mermelada/dulce de durazno/melocotón (España)*

**Iogurte:** *yogur*
**Leite:** *leche\**
**Manteiga:** *manteca/mantequilla*
**Margarina:** *margarina*
**Milk-shake:** *batido/licuado con leche/leche malteada*
**Milk-shake de chocolate:** *batido/licuado de chocolate*
**Ovos com bacon:** *huevos con panceta*
**Ovos com presunto:** *huevos con jamón*
**Ovos mexidos:** *huevos revueltos*
**Pãezinhos:** *pancito (Argentina)/panecillo (España)/bolillo (México)*
**Panqueca:** *panqueque*
**Pão branco:** *pan blanco*
**Pão com manteiga:** *pan con manteca/mantequilla*
**Pão de centeio:** *pan de centeno*
**Pão integral:** *pan integral*
**Pasta de amendoim:** *mantequilla de maní/cacahuete (España)/cacahuate (México)*
**Presunto:** *jamón*
**Queijo:** *queso*
**Queijo fresco:** *queso cottage/fresco*
**Requeijão:** *requesón*
**Ricota:** *ricota*
**Suco:** *jugo/zumo (España)*
**Suco de laranja:** *jugo/zumo de naranja*
**Suco de maracujá:** *jugo/zumo de maracuyá/fruto de la pasionaria*
**Suco de melancia:** *jugo/zumo de sandía*
**Torrada:** *tostada*

## ALMOÇO E JANTAR  *Almuerzo y cena*

**Amendoim:** *maní/cacahuete (España)/cacahuate (México)*
**Aperitivo:** *aperitivo*
**Arroz com feijão:** *arroz con frijoles*
**Azeitonas:** *olivas (España)/aceitunas (Argentina)*
**Batata frita:** *papas (Argentina)/batatas fritas*
**Canja de galinha:** *consomé*
**Comida italiana:** *comida italiana*
**Coquetel de camarões:** *cóctel de camarones/gambas (España)*
**Espaguete:** *espagueti*
**Espaguete com almôndegas:** *espagueti con albóndigas*
**Macarrão tipo miojo:** *fideos*
**Massas:** *pasta*
**Lasanha:** *lasaña*
**Omelete:** *omelette/tortilla francesa (España)*
**Ovos:** *huevos*
**Ovos cozidos:** *huevos duros*
**Ovos fritos:** *huevos fritos*
**Ovos mexidos:** *huevos revueltos*
**Ovos de codorna:** *huevos de codorniz*
**Pão de alho:** *pan de ajo*
**Patê:** *pasta/paté*
**Patê de queijo:** *pasta/paté de queso*
**Patê de fígado:** *paté de hígado*
**Patê de atum:** *paté de atún*
**Queijo ralado:** *queso rallado*
**Queijos sortidos:** *quesos surtidos*

\* Em Espanhol é uma palavra feminina.

ALIMENTAÇÃO

Salada de alface: *ensalada de lechuga*
Salada de alface e tomate: *ensalada de lechuga y tomate*
Salada de repolho: *ensalada de repollo*
Sopa: *sopa*
Canja de galinha: *caldo de gallina*
Sopa de cebola: *sopa de cebolla*
Sopa de legumes: *sopa de verdura*
Suflê: *suflé*
Suflê de queijo: *suflé de queso*
Suflê de espinafre: *suflé de espinaca*
Uma refeição leve: *una comida liviana/ligera*
Uma refeição substancial: *comida sustancial*

## CARNE *Carne*

Aves: *aves*
Carne assada: *rosbif/carne al horno*
Carne bovina: *carne de res*
Carne de vaca: *carne de vaca*
Carne de porco: *carne de cerdo/puerco (México)/chancho (Chile, Perú, Argentina)*
Costeletas de porco: *chuleta de cerdo/puerco (México)/chancho (Chile, Perú, Argentina)*
Carne moída: *carne picada*
Carneiro: *carnero*
Cordeiro: *cordero*
Codorna: *codorniz*
Coelho: *conejo*
Bife: *bistec/filete/bife (Argentina)*
Bife de frango: *bistec/filete/bife (Argentina) de pollo*
Frango: *pollo*
Frango assado: *pollo al horno/asado*
Lingüiça: *chorizo*
Pato: *pato*
Peito de frango: *pechuga de pollo*
Peru: *pavo*
Peru assado: *pavo al horno/asado*
Torta de frango: *tarta de pollo*
Vitela: *ternera*

## PEIXES E FRUTOS DO MAR *Pescados y mariscos*

Anchovas: *anchoas*
Atum: *atún*
Bacalhau: *bacalao*
Camarão: *camarón/gamba (España)/langostino*
Camarão frito: *camarón/gamba (España)/langostino frito(a)*
Lagosta: *langosta*
Linguado: *lenguado*
Lula: *calamar*
Ostra: *ostra*
Peixe: *pescado\**
Polvo: *pulpo*
Salmão: *salmón*
Salmão defumado: *salmón ahumado*
Sardinha: *sardina*
Truta: *trucha*

*O Espanhol conta com duas palavras para designar um peixe: *pez*, quando está vivo no seu ambiente natural ou em aquários, e *pescado* quando está morto.

## LEGUMES  *Legumbres**

**Abóbora:** *zapallo*
**Abobrinha:** *calabacín/zapallito*
**Aipo:** *apio*
**Alcachofra:** *alcaucil (Argentina)/ alcachofa*
**Alface:** *lechuga*
**Alho:** *ajo*
**Aspargo:** *espárrago*
**Azeitona:** *aceituna/oliva*
**Berinjela:** *berenjena*
**Batata:** *papa (Argentina)/patata*
**Beterraba:** *remolacha*
**Brócolis:** *broccoli*
**Cebola:** *cebolla*
**Cenoura:** *zanahoria*
**Cogumelo:** *hongo/seta*
**Couve-flor:** *coliflor*
**Ervilhas:** *arvejas*
**Espinafre:** *espinaca*
**Feijão:** *judia/frijol*
**Lentilha:** *lenteja*
**Milho cozido:** *mazorca de maíz/choclo hervido(a)*
**Nabo:** *nabo*
**Palmito:** *palmito*
**Pepino:** *pepino*
**Pimentão:** *pimentón/pimiento*
**Quiabo:** *okra/bamia*
**Rabanete:** *rabanito*
**Repolho:** *repollo*
**Salsinha:** *perejil*
**Tomate:** *tomate*
**Vagem:** *judía verde/chaucha (Argentina)*

## FRUTAS  *Frutas*

**Abacate:** *aguacate/palta*
**Abacaxi:** *ananá*
**Ameixa:** *ciruela*
**Banana:** *banana/plátano*
**Cereja:** *cereza*
**Coco:** *coco*
**Damasco:** *damasco*
**Figo:** *higo*
**Goiaba:** *guayaba*
**Laranja:** *naranja*
**Limão:** *limón*
**Maçã:** *manzana*
**Manga:** *mango*
**Maracujá:** *maracuyá/fruta de la pasión*
**Melancia:** *sandía*
**Melão:** *melón*
**Mexerica:** *mandarina*
**Morango:** *frutilla (Argentina)/fresa*
**Papaia:** *papaya*
**Pêssego:** *durazno (Argentina)/melocotón (España)*
**Pêra:** *pera*
**Toranja:** *toronja/pomelo*
**Uvas:** *uvas*

\* Em Espanhol é uma palavra feminina.

## SOBREMESAS  *Postres*

**Arroz doce:** *arroz con leche*
**Bolos:** *tortas/pasteles*
**Bolo de chocolate:** *torta/pastel/bischuelo de chocolate*
**Musse:** *mousse*
**Torta de queijo:** *torta/pastel de queso*
**Salada de fruta:** *ensalada de fruta*
Veja também *Frutas*, p. 85.

**Sorvete:** *helado*
**Sorvete de creme:** *helado de crema*
**Sorvete de chocolate:** *helado de chocolate*
**Torta de maçã:** *Torta/Pastel/Tarta de manzana*

## FRUTAS SECAS E CASTANHAS  *Frutas secas y nueces*

**Ameixa seca:** *ciruela seca*
**Amêndoa:** *almendra*
**Amendoim:** *maní/cacahuete (España)/cacahuate (México)*
**Avelã:** *avellana*

**Castanha:** *castaña*
**Castanha-de-caju:** *castaña de cajú/nuez de la Índia (México)*
**Tâmara:** *tâmara/dátil*
**Uva passa:** *pasas de uva*

## TEMPEROS E CONDIMENTOS  *Aderezos y condimentos*

**Açafrão:** *azafrán*
**Alcaparra:** *alcaparra*
**Alecrim:** *romero*
**Apimentado:** *picante*
**Azeite:** *aceite de oliva*
**Canela:** *canela*
**Condimento:** *especia*
**Condimentado:** *condimentado*
**Cravo:** *clavo de olor*
**Ketchup:** *ketchup*
**Maionese:** *mayonesa*

**Molho:** *salsa*
**Molho de tomate:** *salsa de tomate*
**Manjericão:** *albahaca*
**Mostarda:** *mostaza*
**Orégano:** *orégano*
**Picante:** *picante*
**Pimenta:** *pimienta*
**Sal:** *sal\**
**Tempero:** *condimento*
**Vinagre:** *vinagre*

## LANCHES  *Tentempiés*

**Cachorro-quente:** *perro caliente/frankfurter (España)*
**Hambúrguer:** *hamburguesa*

**Hambúrguer com queijo:** *hamburguesa con queso*
**Misto-quente:** *tostado de jamón y queso*

\* Em Espanhol é uma palavra feminina.

**Um sanduíche de presunto e queijo:** *un sándwich/emparedado/bocadillo (España) de jamón y queso*
**Pizza:** *pizza*
**Uma fatia de pizza:** *uma porción de pizza*
**Sanduíche de atum:** *sándwich/emparedado/bocadillo (España) de atún*
**Sanduíche de frango:** *sándwich/emparedado/bocadillo (España) de pollo*

## BEBIDAS  *Bebidas*

**Água:** *agua mineral*
**Água mineral com gás:** *agua mineral con gas*
**Café com leite:** *café con leche*
**Café puro:** *café negro o solo (España)/puro (Chile)/tinto (Colombia)*
**Cappuccino:** *cappuccino*
**Chá:** *té*
**Leite com chocolate:** *leche chocolatada*
**Café:** *café*
**Limonada:** *limonada*
**Milk-shake:** *licuado/ batido/leche malteada*
**Refrigerante:** *gaseosa*
**Suco:** *jugo/zumo (España)*

## BEBIDAS ALCOÓLICAS  *Bebidas alcohólicas*

**Cerveja:** *cerveza*
**Chope:** *cerveza de barril(México)/tirada (Argentina)*
**Conhaque:** *coñac/brandy*
**Gim:** *gin/ginebra*
**Gim-tônica:** *gintonic/ginebra con tónica*
**Martíni seco:** *martini seco*
**Vinho:** *vino*
**Vinho branco:** *vino blanco*
**Vinho tinto:** *vino tinto*
**Vodca:** *vodca*
**Uísque:** *whisky/güisqui*
**Uísque com gelo:** *whisky/güisqui con hielo*
**Uísque puro:** *whisky/güisqui puro*
**Puro:** *straight*

ALIMENTAÇÃO

# Atrações Turísticas & Lazer e Diversão

**CAPÍTULO 5**

### 🔊 Diálogo: ¿Qué me recomienda visitar?

**Turista:** Hola. Quiero pasear un poco y conocer la ciudad. ¿Qué me recomienda?
**Recepción:** Bueno, aquí hay mucho para ver. ¿Ya ha hecho algún paseo?
**Turista:** En realidad, no. Llegué anoche.
**Recepción:** En ese caso, le muestro aquí en el mapa algunos lugares. ¿A usted le gustan los parques y los museos? (La voz va desapareciendo)

Veja a tradução desse diálogo na p. 132.

## Planejando um passeio turístico pela cidade
🔊 *Planeando un paseo turístico por la ciudad*

Gostaríamos de fazer um passeio turístico. Você recomenda algum lugar?
*Queremos hacer un paseo turístico. ¿Qué nos recomiendas?*
O que há de mais interessante para ver?
*¿Qué es lo más interesante para ver?*
Há um posto de informações turísticas aqui perto?
*¿Hay alguna oficina de información y turismo aquí cerca?*
Você pode nos dar um mapa turístico?
*¿Tienes algún mapa turístico para darnos?*
Você pode recomendar algum passeio turístico pela cidade?
*¿Qué nos recomiendas conocer en la ciudad?*
Quanto custa este passeio?
*¿Cuánto cuesta esta excursión?*
Quanto tempo de duração?
*¿Cuánto tiempo dura?*
Da onde parte esta excursão?
*¿De dónde sale la excursión?*
Que horas começa a excursão?
*¿A qué hora empieza/comienza?*
Que horas estaremos de volta?
*¿A qué hora regresaremos?*
Vamos ter tempo livre para fazer compras?
*¿Vamos a tener tiempo libre para hacer compras?*
O guia fala português/espanhol/inglês?
*¿El guía habla portugués/español/inglés?*
Você pode me mostrar no mapa?
*¿Puedes mostrármelo en el mapa?*

## Fazendo um passeio turístico pela cidade
🔊 *Durante el paseo turístico*

Qual a distância até a catedral/castelo/palácio/estátua?
*¿A qué distancia está la catedral/el castillo/el palacio/la estatua?*

**Podemos parar aqui para tirar fotos?**
*¿Podemos parar aquí para sacar fotos?*

**Você poderia, por favor, tirar uma foto nossa?**
*¿Puedes sacarnos una foto?*

**Há lojas de suvenir aqui perto?**
*¿Hay tiendas de regalos por aquí?*

**Há banheiro aqui perto?**
*¿Hay baño aquí cerca?*

**Quanto tempo vamos ficar aqui?**
*¿Cuánto tiempo nos vamos a quedar aquí?*

**A catedral/castelo/palácio/museu está aberto(a) ao público?**
*¿La catedral/el castillo/el palacio/el museo está abierto al público?*

**Quando foi construído(a)?**
*¿Cuándo fue construido(a)?/¿Cuándo lo(la) construyeron?*

**Vocês têm guias impressos em português/espanhol/inglês?**
*¿Tienen guías en portugués/español/inglés?*

**Há acesso para deficientes?**
*¿Hay acceso para discapacitados?*

**Quanto custa a entrada?**
*¿Cuánto cuesta/sale/vale la entrada?*

**Tem desconto para crianças/estudantes/grupos/terceira idade?**
*¿Hay descuento para menores/estudiantes/grupos/tercera edad?*

---

PLACAS COMUNS EM PAÍSES DE LÍNGUA ESPANHOLA
*LETREROS COMUNES EN PAÍSES DE LENGUA ESPAÑOLA*

UTILIZE O CORRIMÃO

USE LUVAS

USE CAPACETE

ATRAÇÕES TURÍSTICAS & LAZER E DIVERSÃO

USE ÓCULOS

EM CASO DE INCÊNDIO OU TERREMOTO NÃO USE OS ELEVADORES

IMPORTANTE. DEIXE O CARRINHO NESTE LUGAR APÓS SUAS COMPRAS.

SOMENTE PARA FUNCIONÁRIOS AUTORIZADOS

IMPORTANTE. NÃO ENTRAR COM PÉS OU MAIÔ MOLHADOS

A COMUNIDADE E A ADMINISTRAÇÃO NÃO SÃO RESPONSÁVEIS POR DANOS, ROUBOS E PERDAS NOS ESTACIONAMENTOS

PROIBIDO ENTRAR COM BICHOS DE ESTIMAÇÃO

PROIBIDO CORRER NA ESCADA

**CUIDADO. CRIANÇAS BRINCANDO**

**USO EXCLUSIVO PARA DEFICIENTES**

**SAÍDA**

**ACENDER OS FARÓIS**

---

**GLOSSÁRIO TEMÁTICO: LAZER E DIVERSÃO**
**GLOSARIO TEMÁTICO: OCIO Y ENTRETENIMIENTO**

**Acampamento:** *campamento*
**Acampar:** *acampar*
**Aldeia:** *aldea*
**Alpinismo:** *alpinismo, montañismo*
**Aplaudir; ovacionar:** *aplaudir; ovacionar*
**Área para piquenique:** *área para picnic*
**Areia:** *arena*
**Asa-delta:** *ala deltar; deslizador (México)*
**Atletismo:** *atletismo*
**Automobilismo:** *automobilismos*
**Barraca:** *carp (Argentina)/tienda (España)*
**Basquetebol:** *baloncesto/básquetbol*
**Beisebol:** *béisbol*
**Biblioteca:** *biblioteca*
**Boate:** *club nocturno/disco/discoteca*
**Boliche:** *boliche; bolos*
**Boxe:** *boxeo*
**Bronzeado:** *bronceado*
**Bronzeado(a) (adj.):** *bronceado(a) (adj.)*
**Cachoeira:** *cascada; salto de agua*
**Camping:** *camping*
**Canoagem:** *piragüismo*
**Cassino:** *casino*
**Castelo:** *castillo*
**Catedral:** *catedral*
**Cavalo:** *caballo*
**Caverna:** *cueva*
**Cemitério:** *cementerio*
**Ciclismo:** *cyclismo*

**ATRAÇÕES TURÍSTICAS & LAZER E DIVERSÃO**

**Ciclovia:** *carril para bicicletas (España); ciclovía (América Latina)*
**Cinema (sala):** *cine*
**Circo:** *circo*
**Colina:** *colina; cerro*
**Corrida:** *aerobismo/cooper*
**Cruzeiro:** *crucero*
**Entrar na fila:** *hacer fila/cola*
**Escalar montanhas:** *escalar montañas*
**Esportes radicais:** *deportes radicales*
**Esqui:** *esquí*
**Estádio:** *cancha (Argentina y Uruguay); estadio*
**Estátua:** *estatua*
**Fazer trilha:** *senderismo*
**Fila:** *fila; cola*
**Filme:** *película*
**Floresta:** *bosque; selva*
**Futebol:** *fútbol*
**Futebol americano:** *fútbol americano*
**Galeria de arte:** *galería de arte*
**Golfe:** *golf*
**Guarda-sol:** *sombrilla*
**Handebol:** *balonmano/ handball*
**Hipismo:** *hipismo*
**Hipódromo:** *hipódromo*
**Hóquei:** *hockey*
**Igreja:** *iglesia*
**Jardim botânico:** *jardín botanico*
**Jet ski:** *jet ski; motoneta acuática*
**Jogar (esportes; jogos):** *jugar*
**Karatê:** *karate*
**Lago:** *lago*
**Lanterna:** *linterna*
**Levantamento de peso:** *levantamiento de pesas/halterofilía*
**Mergulhar:** *bucear*
**Mergulho:** *buceo*
**Mesquita:** *mesquita*
**Montanha russa:** *montaña rusa*
**Monumento:** *monumento*
**Morro:** *monte*
**Mosteiro:** *monasterio*
**Museu:** *museo*
**Natação:** *natación*
**Óculos de sol:** *anteojos/gafas (España) de sol*
**Onda:** *ola*
**Palco:** *escenario*
**Palácio:** *palacio*
**Parque de diversões:** *parque de diversiones*
**Passar férias:** *pasar vacaciones*
**Passeio de barco:** *paseo en barco*
**Patim (para andar no gelo):** *patín (de hielo)*
**Patim (de rodas):** *patín (de ruedas)*
**Patinação:** *patinaje*
**Patinação no gelo:** *patinaje sobre hielo*
**Peça teatral:** *obra de teatro*
**Penhasco:** *acantilado*
**Pesca:** *pesca*
**Ponte:** *puente*
**Praia:** *playa*
**Prancha de surfe:** *tabla de surf*
**Protetor solar:** *pantalla solar*
**Quadra de esportes:** *cancha (América latina)/pista (España)*
**Quadra de basquete/tênis/etc.:** *cancha/pista de baloncesto/tenis/etc.*
**Quadriciclo:** *ATV (abreviação de All Terrain Vehicle)*
**Rafting:** *canotaje (Perú); rafting (América Latina y España)*

**Rapel:** *puentear; puenting*
**Shopping:** *centro comercial (España)/ shopping (América Latina)*
**Show; espetáculo:** *show; espectáculo.*
**Sinagoga:** *sinagoga*
**Skatismo:** *skate boarding; deporte del monopatín*
**Squash:** *squash*
**Surfar:** *hacer surf*
**Surfe:** *surf*
**Taco de golfe:** *club de golf*
**Taco de hóquei:** *palo de hockey*
**Taco de sinuca:** *taco de billar*
**Teatro:** *teatro*
**Tênis:** *tenis*
**Tênis de mesa:** *ping pong*
**Tomar banho de sol:** *tomar sol*
**Torre:** *torre*
**Trailer:** *caravana (España)/casa rodante (Argentina)*
**Trilha (esporte):** *senderismo*
**Trilha (caminho):** *sendero; senda*
**Vaiar:** *abuchear*
**Vara de pescar:** *caña de pescar*
**Velejar:** *navegar a vela*
**Voleibol:** *vóleibol*
**Windsurf:** *windsurf/surf a vela*
**Xadrez:** *ajedrez*
**Zoológico:** *zoológico*

## Lazer e diversão: Vocabulário & Expressões em Uso
## *Ocio y Entretenimiento: Vocabulario & Expresiones en Uso*

**ACAMPAR:** *acampar*
*A Carlos y a Susana les gustaba acampar cuando eran jóvenes.*
Carlos e Susana gostavam de acampar quando eram jovens.

**BRONZEADO:** *bronceado*
*¡Qué lindo bronceado tienes! ¿Has estado tomando sol?*
Você está com um bronzeado bonito. Esteve tomando banho de sol?

**BRONZEAR-SE; PEGAR UM BRONZE:** *broncearse*
*"¡Qué lindo día! Creo que voy a la piscina a broncearme un poco.", le dijo Rita a sus amigos.*
"Está um dia ensolarado tão bonito. Acho que vou me deitar à beira da piscina e pegar um bronzeado", disse Rita aos amigos.

**CRUZEIRO:** *crucero*
Mabel y Juanjo hicieron un crucero por Bahamas en su luna de miel.
Mabel e Juanjo fizeram um cruzeiro para as Bahamas em sua lua-de-mel.

**DESCANSAR; RELAXAR:** *descansar; relajarse*
Has estado trabajando demasiado últimamente. ¿Porque no te tomas unos días para descansar?
Você tem trabalhado demais ultimamente. Por que não tira alguns dias de folga para relaxar?

**JOGAR EM CASSINOS:** *apostar*
Muchos latinoamericanos apuestan en el casino de Mar del Plata.
Muitos latino-americanos jogam nos cassino de Mar del Plata.

**PARQUE DE DIVERSÃO:** *parque de diversiones*
"¡Dios! Nunca he visto un parque de diversiones tan grande", exclamó Tomás.
"Puxa, eu nunca estive em um parque de diversões tão grande!", disse Tomás.

**PASSAR FÉRIAS:** *pasar las vacaciones*
¿Dónde te gustaría pasar las próximas vacaciones?
Onde você tem vontade de passar as próximas férias?

**PESCAR:** *pescar*
A Victor le encanta pescar. Dice que es como una terapia.
Victor adora pescar. Ele diz que é como uma terapia para ele.

**PROTETOR SOLAR:** *pantalla solar*
No te olvides de pasarte pantalla solar. El sol está que pica hoy.
Não se esqueça de usar protetor solar! Está um sol forte lá fora.

**TOMAR BANHO DE SOL:** *tomar sol*
*Quiero ir a la playa a tomar sol.*
Estou com vontade de ir à praia e tomar banho de sol.

**BARRACA:** *tienda; carpa*
*Los niños quieren una tienda con forma iglú.*
As crianças querem uma barraca com forma de iglu.

# Fazendo Compras

### 🔊 Diálogo: En la zapatería

**Vendedor:** ¿Puedo ayudarlo?
**Turista:** Estoy buscando zapatillas. ¿Tienes algo en liquidación?
**Vendedor:** Tenemos algunos modelos con 30% de descuento. Se los muestro. Por aquí, por favor (indicándole al cliente otro sector de la tienda).
**Turista:** ¿Tienes este modelo en negro?
**Vendedor:** Me parece que sí. ¿Cuánto calza?
**Turista:** 42 ó 43, dependiendo de la horma
**Vendedor:** A ver... Sí, aquí tengo un 42. ¿Por qué no se los prueba?
**Turista:** Claro. Gracias

Veja a tradução desse diálogo na p. 132.

## Comprando roupas e calçados: frases do balconista
🔊 *Comprando ropa y zapatos: frases del vendedor*

**Posso ajudá-lo?**
*¿Puedo ayudarte/lo\*/la\*?*
**Em que posso ajudar?**
*¿En qué puedo servirte/le\*?*
**O(A) senhor(a) já foi atendido(a)?**
*¿Ya ha sido atendido(a)?*
**Que tamanho você usa?**
*¿Qué talla (España)/talle (Argentina) usas?*
**Você gostaria de experimentar?**
*¿Quieres probártelo/la/los/las?*
**Vendemos todos(as)/Os(as)... acabaram/não temos mais....**
*Ya no nos quedan...*
**Não trabalhamos com...**
*No trabajamos con...*
**Está tudo com 20% de desconto.**
*Todo está con 20% de descuento.*
**Os sapatos femininos estão em promoção.**
*Los zapatos de mujer están en oferta.*
**Só um momento, vou pegar para você.**
*Ya te lo/la/los/las traigo.*
**O provador fica ali.**
*Los probadores están allí.*
**A camisa serviu?**
*¿Cómo te queda la camisa?*
**Precisa de mais alguma coisa?**
*¿No necesitas nada más?*
**Quer que embrulhe para presente?**
*¿Quieres que lo/la/los/las envuelva para regalo?*
**Dinheiro ou cartão?**
*¿En efectivo o con tarjeta?*

\* Mais formal.

## Comprando roupas e calçados: perguntas do cliente
🔊 *Comprando ropa y zapatos: frases del cliente*

**Estou procurando roupas esportivas/um terno/gravatas/etc.**
*Estoy buscando ropa sport/un traje/corbatas/etc.*

**Você pode me mostrar as camisas/calças/etc.?**
*¿Podrías mostrarme camisas/pantalones/etc.?*

**Estou procurando sapatos/tênis/sandálias/chinelos**
*Busco zapatos/tenis (zapatillas en Argentina)/sandalias/chinelas.*

**Você pode me mostrar o vestido da vitrine?**
*¿Podrías mostrarme ese vestido del escaparate (España)/de la vidriera (Argentina)?*

**Você tem calças/camisas em liquidação?**
*¿Tienes pantalones/camisas en oferta?*

**O que mais está em liquidação?**
*¿Qué otras cosas tienen en liquidación?*

**Qual é o preço normal destes tênis?**
*Cuál es el precio normal de estas zapatillas (Argentina)/estos tenis?*

**Posso experimentar?**
*¿Puedo probármelo/la/los/las?*

**Posso experimentar um tamanho maior/menor?**
*¿Puedo probarme un talle mayor/menor?*

**Você tem um tamanho menor/maior?**
*¿Tienes un talle menor/mayor?*

**Você tem essa peça em azul/verde/etc.?**
*¿Tienes esta prenda en azul/verde/etc.?*

**Você tem aquele vestido em vermelho?**
*¿Tienes este vestido en rojo?*

**Você tem este suéter no meu tamanho?**
*¿Tienes este pulóver; suéter (América Latina)/jersey (España) en mi talle?*

**Onde é o provador?**
*¿Dónde queda el probador?*

**Tem espelho?**
*¿Hay/Tienes un espejo?*

**Quanto é esta camisa/vestido/etc.?**
*¿Cuánto cuesta esta camisa/este vestido?*

**Pode embrulhar para presente?**
*¿Pueden envolverlo/la/los/las para regalo?*
**Você tem camisas de manga curta?**
*¿Tienes camisas de manga corta?*
**Que horas vocês fecham?**
*¿A qué hora cierran?*
**Vocês abrem no domingo?**
*¿Abren los domingos?*
**Vocês dão descontos para pagamento à vista?**
*¿Me dan descuento si pago al contado?*
**Você pode me dar um recibo, por favor?**
*¿Puedes darme factura, por favor?*

## Comprando roupas e calçados: comentários do cliente

🔊 *Comprando ropa y zapatos: comentarios del cliente*

**Só estou olhando. Obrigado.**
*Sólo estoy echando un vistazo. Gracias.*
**Está pequeno(a)/grande demais.**
*Es demasiado pequeño(a)/grande.*
**Não serve.**
*No me queda bien.*
**Estes sapatos estão apertados.**
*Estos zapatos me aprietan.*
**Esta camisa está folgada/apertada.**
*Esta camisa es demasiado suelta/justa.*
**Eu normalmente uso tamanho pequeno/médio/grande/GG.**
*Normalmente uso tamaño pequeño/mediano/grande/XG.*
**Não sei o meu tamanho.**
*No sé qué talle uso.*

---

\* Fique também atento às abreviações muito usadas nas etiquetas de roupas:
P – *pequeño* (pequeno)/M – *mediano* (médio)/G – *grande* (grande)/XG – *extra grande* (extra grande)

## Fazendo compras no supermercado
🔊 *Haciendo compras en el supermercado*

Onde estão os carrinhos do supermercado?
*¿Dónde están los carritos de compras?*
Onde eu encontro as cestas para fazer compras?
*¿Dónde puedo encontrar canastas (América Latina)/cestas (España)?*
Você sabe onde fica a seção de frutas?
*¿Sabes dónde queda la sección de frutas?*
Vocês vendem cartões postais aqui?
*¿Ustedes venden tarjetas postales?*
Onde encontro pilhas?
*¿Dónde puedo encontrar pilas?*
Fica no corredor três.
*En el pasillo tres.*
Onde fica a seção de padaria?
*¿Dónde queda la sección de panadería?*
Vocês vendem remédios aqui?
*¿Aquí venden remedios?*
Onde encontro filme para máquina fotográfica?
*¿Dónde encuentro película para máquina fotográfica?*
Vocês revelam filme aqui?
*¿Aquí revelan fotos?*

## Fazendo compras: Vocabulário & Expressões em Uso
*Haciendo compras: Vocabulario & Expresiones en Uso*

**CARTÃO DE CRÉDITO:** *tarjeta de crédito*
*¿Aceptan tarjetas de crédito?*
Vocês aceitam cartão de crédito?

**CÓDIGO DE BARRA:** *código de barras*
*El cajero pasó el scanner sobre el código de barras para verificar el precio.*
A atendente do caixa passou o scanner no código de barra para checar o preço.

**CAIXA ELETRÔNICO DE BANCO:** *cajero automático*
*Necesito dinero en efectivo. ¿Sabes dónde hay un cajero automático?*
Preciso pegar algum dinheiro. Você sabe se tem um caixa eletrônico por perto?

**CORREDOR (EM SUPERMERCADOS, DROGARIA, ETC.):** *pasillo*
*El hilo dental y el dentífrico están en el pasillo cinco.*
Você encontra fio dental e pasta de dente no corredor cinco.

**DESCONTO:** *descuento*
*"Si compras tres pares de zapatos podemos hacerte un descuento", le dijo el vendedor a Sebastián.*
"Podemos dar um desconto nos calçados se você comprar três pares", a atendente disse para Sebastián.

**EXPERIMENTAR; PROVAR (ROUPAS E CALÇADOS):** *probarse*
*"Si te gusta esa camisa, ¿por qué no te la pruebas?" sugirió el vendedor.*
"Se você gostou dessa camisa, por que você não experimenta?", o atendente sugeriu.

**HORÁRIO DE FUNCIONAMENTO:** *horario de funcionamiento*
*¿Cuál es el horario de funcionamiento de la tienda?*
Qual é o horário de funcionamento da loja?

**PRATELEIRA:** *estante*
*"Me parece que hay pantalla solar en esos estantes", dijo Bernardo.*
"Acho que tem protetor solar naquelas prateleiras ali", disse Bernardo.

**PROVAR; EXPERIMENTAR (ROUPAS; CALÇADOS ETC.):** *probarse (ropa; zapatos; etc.)*
**PROVADOR (EM LOJAS):** *probador*
*"Puedo probarme esta falda?", le preguntó Mariana al vendedor.*
"Posso experimentar esta saia?", Mariana perguntou ao atendente da loja.

*"Por supuesto. Hay un probador allí.", dijo el vendedor.*
**"Claro. Tem um provador ali.", disse o atendente.**

**20% DE DESCONTO:** *20% de descuento*
*Todo en la tienda está con un descuento de por lo menos un 20%.*
**Tudo na loja está com um desconto de pelo menos 20 %.**

**REEMBOLSO:** *reembolso*
*"Quiere cambiar la prenda por otro producto o prefiere el reembolso?", le preguntó el vendedor a la Sra. Jaureche*
**"A senhora. quer trocar a peça por um outro produto ou prefere o reembolso?", o balconista perguntou à sra. Jaureche.**

**LIQUIDAÇÃO:** *liquidación*
*Hoy hay una liquidación estupenda. Todo está con por lo menos un 30% de descuento.*
**Eles estão com uma ótima liquidação hoje. Tudo está com pelo menos 30 % de desconto.**

## Reclamando de algo que você comprou
🔊 **Presentando una queja sobre algo que has comprado**

**Posso falar com o gerente, por favor?**
*¿Puedo hablar con el gerente, por favor?*
**Acho que há algo errado com…**
*Parece que el/la… no funciona.*
**Queria fazer uma reclamação sobre…**
*Quiero presentar una queja sobre…*
**Pode trocar isso aqui, por favor?**
*¿Puedes cambiarme esto, por favor?*
**Aqui está o recibo.**
*Aquí tiene el recibo.*
**Quero o reembolso…**
*Quiero que me reembolsen…*
**O laptop/máquina fotográfica que comprei aqui ontem não está funcionando.**
*El laptop/La máquina fotográfica que compré aquí ayer no funciona.*

**O tênis que comprei não é do meu tamanho.**
*Las zapatillas/los tenis que compré no son de mi tamaño.*

**Queria devolver este aparelho de DVD que comprei aqui há alguns dias.**
*Quería devolver este aparato de DVD que compré aquí hace unos días.*

**O vendedor que nos atendeu foi muito grosseiro.**
*El vendedor que nos atendió fue muy descortés.*

**Ele foi muito mal-educado.**
*Fue muy maleducado.*

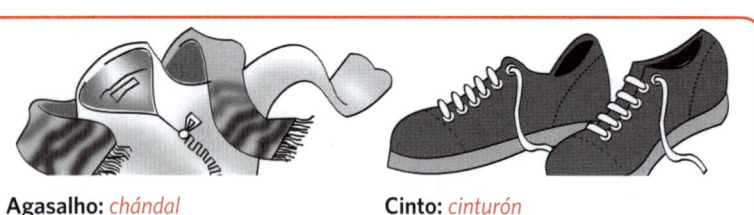

---

**GLOSSÁRIO TEMÁTICO: ROUPAS E CALÇADOS**
**GLOSARIO TEMÁTICO: ROPA Y ZAPATOS**

**Agasalho:** *chándal*
**Blusa (de mulher):** *blusa*
**Boné:** *gorra*
**Botas:** *botas*
**Cachecol:** *bufanda*
**Calção:** *traje de baño/bañador (España)/malla (Argentina, Bolivia, Uruguay)*
**Calças:** *pantalones*
**Calcinha:** *bragas (España)/bombacha (Argentina)/ pantaletas (México y Venezuela)*
**Camisa:** *camisa*
**Camisa pólo:** *camiseta polo*
**Camiseta:** *camiseta/remera (Argentina)*
**Camiseta regata:** *camiseta sin mangas*
**Casaco:** *abrigo*
**Chapéu:** *sombrero*
**Chinelos:** *chinelas*
**Chuteira:** *botines*

**Cinto:** *cinturón*
**Colete:** *chaleco*
**Cueca:** *calzoncillos/calzones (México)/ interiores (Colombia y Venezuela)*
**Gravata:** *corbata*
**Jaqueta de couro:** *campera (Argentina)/cazadora de cuero*
**Jeans:** *jeans/vaqueros*
**Liquidação:** *liquidación*
**Loja de departamentos:** *grandes tiendas*
**Maiô:** *traje de baño/malla/bañador*
**Meias:** *medias*
**Minissaia:** *minifalda*
**Moletom:** *sudadera (España)/buzo (Argentina)*
**Pijama:** *pijama (España)/piyamas (América Latina)*
**Provador:** *probador*
**Roupão:** *bata; salto de cama*
**Saia:** *falda/pollera (Argentina)*
**Sandálias:** *sandalias*

**Sapatos:** *zapatos*
**Shopping:** *centro comercial (España)/ shopping (América Latina)*
**Suéter:** *suéter*
**Sutiã:** *sostén/corpiño (Argentina)*
**Tênis:** *tenis/zapatillas*
**Terno:** *traje/ambo*
**Vestido:** *vestido*

## Câmbio: trocando dinheiro
🔊 *Cambiando dinero*

Vocês trocam dinheiro estrangeiro aqui?
   *¿Aquí cambian dinero?*
Onde posso trocar dinheiro aqui perto?
   *¿Dónde se puede cambiar dinero por aquí?*
Tem uma casa de câmbio por perto?
   *¿Hay alguna casa de cambio aquí cerca?*
Qual é a taxa de câmbio para o real?
   *¿Cuál es la tasa de cambio para el real?*
Posso trocar meus cheques de viagem aqui?
   *¿Aquí cambian cheques de viaje/viajero?*
Qual é a taxa de câmbio do real para o peso argentino?
   *¿Cómo está el cambio de real para peso argentino?*
Quanto vocês cobram de comissão?
   *¿Cuánto cobran de comisión?*
Eu queria trocar quinhentos reais por bolívares.
   *Quiero cambiar quinientos reales por bolívares.*

## MOEDA CORRENTE DE ALGUNS PAÍSES HISPANOFALANTES

**BALBOA** (Panamá)
**COLÓN** (Costa Rica)
**GUARANÍ** (Paraguai)
**NUEVO SOL** (Peru)
**PESO** (Bolívia)
**PESO** (Colômbia)
**PESO** (República Dominicana)
**QUETZAL** (Guatemala)

**BOLÍVAR** (Venezuela)
**CÓRDOBA** (Nicarágua)
**LEMPIRA** (Honduras)
**PESO** (Argentina)
**PESO** (Chile)
**PESO** (Cuba)
**PESO** (México)
**SUCRE** (Ecuador)

## CÉDULAS  *Billetes*

Veja as cédulas argentinas abaixo:

BILLETE DE 2 PESOS (CÉDULA DE 2 PESOS)
IMAGEM DE BARTOLOMÉ MITRE (1821-1906): SEXTO PRESIDENTE DO PAÍS DE 1862 A 1868

BILLETE DE 5 PESOS (CÉDULA DE 5 PESOS)
IMAGEM DEL GENERAL JOSÉ DE SAN MARTÍN (1778-1850): MILITAR ARGENTINO QUE DESEMPENHOU UM PAPEL DECISIVO NA INDEPENDÊNCIA DA ARGENTINA, PERU E CHILE.

BILLETE DE 10 PESOS (CÉDULA DE 10 PESOS)
IMAGEM DO GENERAL MANUEL BELGRANO (1770-1820).
ADVOGADO, ECONOMISTA E MILITAR ARGENTINO, ATUOU NA
GUERRA DA INDEPENDÊNCIA E CRIOU A BANDEIRA NACIONAL.

BILLETE DE 20 PESOS (CÉDULA DE 20 PESOS)
IMAGEM DE JUAN MANUEL DE ROSAS: GOVERNADOR
DA CIDADE DE BUENOS AIRES DE 1835 A 1852.

BILLETE DE 50 PESOS (CÉDULA DE 50 PESOS)
IMAGEM DE DOMINGO FAUSTINO SARMIENTO (1811-1888):
SÉTIMO PRESIDENTE DO PAÍS DE 1868 A 1874.

BILLETE DE 100 PESOS (CÉDULA DE 100 PESOS)
IMAGEM DE JULIO ARGENTINO ROCA (1843-1914): FOI DUAS VEZES
PRESIDENTE: DE 1880 A 1886 E DE 1898 A 1904.

FAZENDO COMPRAS

Veja abaixo as moedas argentinas:

5 CENTAVOS
2 VARIAÇÕES (DOURADA E PRATEADA)

10 CENTAVOS

25 CENTAVOS
2 VARIAÇÕES (DOURADA E PRATEADA)

50 CENTAVOS

1 PESO

**CÉDULAS VENEZUELANAS** *Billetes venezolanos*

A unidade monetária de Venezuela é o *bolivar fuerte*.
Veja abaixo as moedas usadas na Venezuela:

**MOEDAS VENEZUELANAS** *Monedas venezolanas*

Na Venezuela circulam sete moedas:

As moedas de 1, 5, 10, 25 e 50 centavos têm no anverso o número de sua denominação. A moeda de 12 centavos e meio é denominada "*Locha*" e está decorada com uma folha de palma. A moeda de *Bs.F.1* (um *bolivar fuerte*) tem a imagem de Simón Bolívar. As de 1 e 5 centavos são da cor do cobre, as de 10, 25 e 50 são prateadas e a de 1 *bolivar fuerte* é bicolor (dourada e prateada).

O *bolivar fuerte* tem:

*notas de 2*, com o rosto de Francisco de Miranda (1750-1816), precursor do movimento de independência venezuelano;
*notas de 5*, com a imagem de Pedro Camejo (1790-1821), também conhecido como Negro Primero, tenente que lutou pela independência da Venezuela;
*notas de 10*, com o rosto do Cacique Guaicaipuro que, em 1560, resistiu aos conquistadores espanhóis;

*notas de 20*, com a incorporação pela primeira vez da imagem de uma mulher, Luisa Cáceres de Arismendi (1799-1866), heroína da independência;

*notas de 50*, com o rosto de Simón Rodríguez (1769-1854), escritor;

*notas de 100*, com a imagem de Simón Bolívar (1783-1830), que desempenhou um papel decisivo na independência de Bolívia, Colômbia, Equador, Panamá, Peru e Venezuela.

O reverso de cada nota mostra animais autóctones em risco de extinção acompanhados de imagens de paisagens naturais venezuelanos.

## Lojas e serviços: frases usuais
🔊 *Tiendas y servicios: frases usuales*

**Como posso ajudá-lo?**
*¿Qué puedo hacer por ti/ usted*?*
**Em que posso ajudar?**
*¿En qué puedo ayudarte/ayudarlo*?*
**Posso ajudar?**
*¿Puedo ayudarte/ayudarlo*?*
**Vocês têm pilhas/fio dental?**
*¿Tienen pilas/hilo dental?*
**Estou procurando...**
*Estoy buscando...*
**Só estou olhando, obrigado.**
*Sólo estoy echando un vistazo. Gracias.*
**Você sabe se tem um caixa eletrônico de banco aqui perto?**
*¿Sabes si hay un cajero automático por aquí?*
**Tem uma banca de jornal/livraria aqui perto?**
*¿Hay algún quiosco de revistas/alguna librería aquí cerca?*
Veja Glossário temático: Lojas e serviços, p. 115.
**A que horas o banco/o supermercado/a loja abre?**
*¿A qué hora abre el banco/el supermercado/la tienda?*
**A que horas o correio/a loja fecha?**
*¿A qué hora cierra el correo/la tienda?*
**Vocês fecham para o almoço?**
*¿Cierran al mediodía?*
**Vocês abrem à noite/aos sábados?**
*¿Abren los sábados/a la noche?*

## No correio: frases usuais
🔊 *En el correo: frases usuales*

**Tem uma agência do correio aqui perto?**
*¿Hay un correo aquí cerca?*

---

* Mais formal.

**Onde fica a caixa de correio mais próxima?**
*¿Dónde queda el buzón más cercano?*
**Onde posso comprar selos e envelopes?**
*¿Dónde puedo comprar sellos (España)/estampillas (Argentina) y sobres?*
**De quantos selos eu preciso para mandar esta carta?**
*¿Cuántas estampillas/sellos necesito para mandar esta carta?*
**Que horas o correio abre/fecha?**
*¿A qué hora abre/cierra el correo?*
**Eu preciso enviar este pacote para o Brasil/o Uruguai/etc.**
*Preciso mandar esta encomienda a Brasil/Uruguay/etc.*
**Vocês vendem caixas aqui?**
*¿Ustedes venden cajas aquí?*
**Quanto custa a entrega rápida?**
*¿Cuánto cuesta el servicio expreso?*
**Eu gostaria de enviar esse pacote com seguro.**
*Quisiera asegurar la encomienda.*
**Há alguns itens frágeis no pacote.**
*En el paquete hay cosas que se rompen.*
**Quanto é?**
*¿Cuánto es?*
**Qual é a forma mais barata de envio?**
*¿Cuál es la forma más barata de envío?*
**Quanto tempo vai levar para chegar ao Brasil?**
*¿En cuánto tiempo llega a Brasil?*
**Qual é a forma mais rápida de envio?**
*¿Cuál es la forma más rápida de envío?*
**Não sei o CEP.**
*No sé el código postal.*
**Vocês têm cartões-postais?**
*¿Tienen tarjetas postales?*

**Açougue:** *carnicería*
**Antiquário:** *anticuario*
**Agência de correio:** *correo*
**Agência de viagens:** *agencia de viajes*
**Banca de jornal:** *quiosco (de periódicos y revistas)*
**Barbearia:** *peluquería para caballeros/barbería*
**Biblioteca:** *biblioteca*
**Cabeleireiro:** *peluquería*
**Caixa eletrônico de banco:** *cajero automático*
**Chaveiro:** *cerrajero*
**Correios:** *correo(s)*
**Cybercafé; café com pontos de acesso à internet:** *ciber café*
**Delegacia de polícia:** *comisaría*
**Dentista:** *dentista*
**Drogaria/Farmácia:** *farmacia*
**Floricultura:** *florería (América Latina)/floristería (España)*
**Joalheria:** *joyería*
**Hospital:** *hospital*
**Lavanderia (auto-serviço):** *lavandería automática*
**Livraria:** *librería*
**Loja de alimentos dietéticos/naturais:** *tienda de alimentos dietéticos/naturales*
**Loja de artigos esportivos:** *tienda de artículos deportivos*
**Loja de brinquedos:** *juguetería*
**Loja de departamentos:** *grandes tiendas*
**Loja de eletrônicos:** *tienda de electrónica*
**Lojinha de presentes (em hotéis):** *tienda de regalos*
**Mercado:** *mercado*
**Mercadinho:** *almacén*
**Oficina:** *taller*
**Óptica:** *óptica*
**Padaria:** *panadería*
**Papelaria:** *papelería*
**Peixaria:** *pescadería*
**Shopping center:** *shopping/centro de compras*
**Supermercado:** *supermercado*
**Tabacaria:** *tabaquería*

## Fazendo compras na farmácia
### *Haciendo compras en la farmacia*

**Com licença, onde encontro fio dental?**
   *Perdona, ¿dónde encuentro hilo dental?*
**Fica no corredor cinco.**
   *En el pasillo cinco.*

**Você sabe onde posso encontrar protetor solar?**
*¿Sabes dónde puedo encontrar pantalla solar?*
**Preciso de cortador de unhas, você sabe onde posso encontrar?**
*Necesito un cortaúñas. ¿Puedes indicarme dónde lo encuentro?*
**Eles estão no corredor dois.**
*Están en el pasillo dos.*
**Preciso de creme de barbear. Você sabe onde está?**
*Preciso crema de afeitar. ¿Sabes dónde está?*
**Vocês têm algum outro tipo de condicionador de cabelos e xampu?**
*¿Tienen algún otro tipo de acondicionador/crema enjuague y shampú?*

---

**GLOSSÁRIO TEMÁTICO: ARTIGOS DE FARMÁCIA**
**GLOSARIO TEMÁTICO: ARTÍCULOS DE FARMACIA**

**Absorvente higiênico:** *compresa higiénica*
**Academia de ginástica:** *gimnasio*
**Acetona:** *acetona/quitaesmalte*
**Água oxigenada:** *agua oxigenada*
**Algodão:** *algodón*
**Analgésico:** *analgésico*
**Anestesia:** *anestesia*
**Antibiótico:** *antibiótico*
**Anticoncepcional:** *píldora anticonceptiva*
**Antisséptico:** *antiséptico*
**Aparelho de barbear:** *maquinilla/ rastrillo (México) de afeitar*
**Área para não fumantes (em restaurantes etc.):** *sector de no fumadores*
**Armação de óculos:** *montura*
**Aspirina:** *aspirina*
**Atadura:** *venda*
**Barbeador elétrico:** *máquina de afeitar eléctrica*
**Batom:** *lápiz de labios*
**Bronzeador:** *bronceador*

**Calmante:** *tranquilizante; sedante*
**Colírio:** *colirio*
**Condicionador de cabelos:** *acondicionador; crema enjuague*
**Cortador de unha:** *cortaúñas*
**Cotonete:** *hisopo (Argentina, México, Uruguay, Venezuela)/bastoncillos de algodón (España)/cotonete*
**Creme de barbear:** *crema de afeitar*
**Curativo adesivo:** *curita/tirita (España)*
**Desodorante em bastão:** *desodorante en barra*
**Escova de cabelos:** *cepillo*
**Escova de dente:** *cepillo de dientes*
**Esmalte:** *esmalte*
**Espuma de barbear:** *espuma de afeitar*
**Estojo de primeiros socorros:** *botiquín de primeros auxilios*
**Fio dental:** *hilo dental*
**Gaze:** *gasa*
**Grampo de cabelo:** *horquilla*

**Lâmina de barbear:** *hoja de afeitar*
**Lenço de papel:** *pañuelo de papel*
**Lixa de unha:** *lima de uñas*
**Loção pós-barba:** *loción para después del afeitado*
**Mercúrio:** *mercurio cromo*
**Modess ®:** *modess; toallas sanitarias; compresas higiénicas*
**Papel higiênico:** *papel higiénico*
**Pasta de dente:** *dentífrico; pasta de dientes*
**Pente:** *peine*
**Pincel de barba:** *brocha*
**Pomada:** *pomada; ungüento*
**Preservativo:** *condón, preservativo, forro (Argentina informal)*
**Protetor solar:** *pantalla solar*
**Remédio para dor de ouvido:** *gotas para el oído*
**Rímel:** *rímel*
**Sabonete:** *jabón de tocador*
**Seringa:** *jeringa*
**Supositório:** *supositorio*
**Talco:** *talco*
**Tesoura:** *tijera*
**Xampu:** *shampú*
**Xarope:** *jarabe*

# Saúde & Emergências

*Eres alérgico a algo?*

*No que yo sepa.*

### 🔊 Diálogo: Una consulta médica

**Médico:** Pase, por favor.
**Paciente:** Gracias! (ruido de puerta que se cierra...)
**Médico:** ¿Cuál es tu problema?
**Paciente:** Es que hace unos dos días me ha salido un sarpullido en el brazo.
**Médico:** A ver, ¡muéstramelo!
**Paciente:** ¡Cómo no!
**Médico:** Umh... ¿Eres alérgico a algo?
**Paciente:** No que yo sepa
**Médico:** Bueno, entonces te voy a recetar una crema. Póntela dos veces por día y no te rasques. En unos días se te irán las manchas.
**Paciente:** ¡Gracias, doctor!

Veja a tradução desse diálogo na p. 132.

## Uma consulta médica
### Una consulta médica

**Onde dói?**
*¿Dónde te/le\* duele?*
Veja Glossário temático: Corpo humano & sintomas, p. 124.

**Dói aqui?**
*¿Te/Le\* duele aquí?*

**Você consegue mexer seu braço/perna assim?**
*¿Puedes mover el brazo/la pierna así?*

**Respire fundo.**
*Respira/Respire\* hondo.*

**Inspire e expire.**
*Aspira y espira./Aspire y espire.\**

**Você tem tido dificuldade para dormir?**
*¿Tienes problemas para dormir?*

**Há quanto tempo você se sente assim?**
*¿Desde cuándo te sientes así?*

**Você já se sentiu assim antes?**
*¿Ya te has sentido así otras veces?*

**Você está tomando algum remédio?**
*¿Estás tomando algún remedio?*

**Você é alérgico a alguma coisa?**
*¿Eres alérgico a algo?*

**Você fez sexo sem proteção?**
*¿Has tenido relaciones sexuales sin protección?*

**Quando foi sua última menstruação?**
*¿Cuándo ha sido tu/su\* última menstruación/regla?*

**Vamos tirar um raio X do seu joelho/pulmões/etc.**
*Vamos a sacarte/le\* una radiografía de la rodilla/de los pulmones/etc.*

**Vamos tirar sua pressão/temperatura.**
*Vamos a tomarle la presión/la temperatura.*

**Parece que você torceu o tornozelo.**
*Me parece que se ha torcido el tobillo.*

---

\* Mais formal.

**Vamos ter que engessar seu braço/pé/perna.**
*Vamos a tener que enyesarte/le\* el brazo/el pie/la pierna.*
**Preciso te dar uma injeção.**
*Voy a ponerte una inyección.*
**Vou precisar te dar alguns pontos.**
*Voy a tener que suturarte el corte.*
**Precisamos fazer exame de sangue.**
*(Tú)Tienes /(Usted)Tiene\* que hacer un análisis de sangre.*
**Vou receitar um remédio para você.**
*Voy a recetarle un remedio.*
**Tome dois comprimidos a cada seis horas.**
*Toma/Tome\* dos comprimidos a cada seis horas.*
**Você deve descansar por dois dias.**
*Descansa durante dos días.*
**Você deve se sentir melhor em alguns dias.**
*Vas a sentirte mejor en unos días.*

## Dizendo ao médico como você se sente
*Explicandole al médico cómo te sientes*

**Não estou me sentindo muito bem.**
*No me siento muy bien.*
**Estou me sentindo tonto(a).**
*Estoy mareado(a).*
**Acho que vou desmaiar.**
*Creo que me voy a desmayar.*
**Não consigo respirar direito.**
*No consigo respirar bien.*
**Sinto vontade de vomitar.**
*Tengo ganas de vomitar.*
**Estou com o corpo inteiro doendo.**
*Me duele todo el cuerpo.*
**Estou com dor na perna/no braço/no peito.**
*Me duele la pierna/el brazo/el pecho.*

\* Mais formal.

**Meu/minha... está doendo.**
*Me duele el/la/; Me duelen los/las...*
Veja *Glossário temático: Corpo humano & sintomas*, p. 124.
**Estou com torcicolo.**
*Tengo tortícolis.*
**Notei um caroço aqui.**
*Noté un bulto aquí.*
**Estou me sentindo muito fraco(a).**
*Estoy flojo(a).*
**Não consigo mexer meu(s)/minha(s)...**
*No consigo mover el/la/los/las...*
Veja *Glossário temático: Corpo humano & sintomas*, p. 124.
**Queimei minha mão.**
*Me quemé la mano.*
**Meus tornozelos estão inchados.**
*Se me hincharon los tobillos.*
**Minha mão está inchada.**
*Se me hinchó la mano.*
**Meu pulso está dolorido.**
*Me duele la muñeca.*
**Estou com gripe.**
*Estoy engripado(a)*
**Estou com um resfriado forte.**
*Estoy resfriado(a)*
**Estou com dor de cabeça.**
*Me duele la cabeza.*
**Estou com dor de garganta.**
*Me duele la garganta.*
**Estou tossindo muito.**
*Tengo mucha toz.*
**Estou com febre.**
*Tengo fiebre.*
**Estou espirrando muito.**
*Estoy estornudando mucho.*
**Estou com coriza.**
*Tengo coriza/romadizo.*
**Meu nariz está sangrando.**
*Me sale sangre de la nariz.*

**Estou com dor de estômago.**
*Me duele el estómago.*
**Estou com dor nas costas.**
*Me duele la espalda.*
**Estou com dor de dente.**
*Tengo dolor de muelas.*
**Estou com dor de ouvido.**
*Me duelen los oídos.*
**Meu nariz está entupido.**
*Tengo la nariz tapada.*
**Estou com azia.**
*Tengo acidez.*
**Estou grávida.**
*Estoy embarazada.*
**Não fico menstruada há... dias.**
*Hace 45 días que no me viene la regla.*
**Sou diabético(a).**
*Soy diabético(a).*
**Estou suando muito.**
*Transpiro mucho.*
**Sou alérgico a...**
*Soy alérgico a...*
**Preciso de receita médica para comprar este remédio?**
*¿Se necesita receta médica para comprar este remedio?*

**GLOSSÁRIO TEMÁTICO: CORPO HUMANO & SINTOMAS**
**GLOSARIO TEMÁTICO: EL CUERPO HUMANO & SÍNTOMAS**

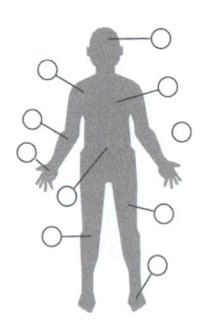

**Alergia:** *alergia*
**Amígdalas:** *amígdalas*
**Amigdalite:** *amigdalitis*
**Apêndice:** *apéndice*
**Apendicite:** *apendicitis*
**Artéria:** *arteria*
**Artrite:** *artritis*
**Asma:** *asma*
**Ataque epiléptico:** *ataque epiléptico*
**Baço:** *bazo*
**Barriga:** *barriga, panza*
**Bexiga:** *vejiga*
**Boca:** *boca*
**Bochecha:** *mejilla/cachete*
**Bolha:** *ampolla*
**Braço:** *brazo*
**Bronquite:** *bronquitis*
**Cabeça:** *cabeza*
**Cabelo:** *pelo/cabello*
**Cãibra:** *calambre*
**Calcanhar:** *talón*
**Cardiologista:** *cardiólogo*
**Catapora:** *varicela*
**Checkup annual:** *checkup anual*
**Cílios:** *pestañas*
**Cintura:** *cintura*
**Cirurgião:** *cirujano*

**Clínico geral:** *clínico general*
**Cólicas estomacais:** *retorcijones/retortijones (España)*
**Cólicas menstruais:** *cólicos menstruales*
**Coluna vertebral:** *columna vertebral*
**Convulsão:** *convulsión*
**Coração:** *corazón*
**Costas:** *espalda*
**Costela:** *costilla*
**Cotovelo:** *codo*
**Coxa:** *muslo*
**Dedo anular:** *dedo anular*
**Dedo indicador:** *dedo indicador*
**Dedo médio:** *dedo medio/corazón*
**Dedo mínimo; mindinho:** *meñique*
**Dedos da mão:** *dedos de la mano*
**Dedos do pé:** *dedos del pie*
**Dentes:** *dientes*
**Derrame:** *derrame*
**Diabetes:** *diabetis*
**Diarréia:** *diarrea*
**Efeito colateral:** *efecto secundario*
**Enfarte:** *infarto*
**Enjôo:** *náuseas/mareo*
**Enxaqueca:** *jaqueca*
**Erupção cutânea; alergia:** *sarpullido*
**Fígado:** *hígado*

**Fratura:** *fractura*
**Garganta:** *garganta*
**Gengiva:** *encía*
**Ginecologista:** *ginecólogo*
**Hematoma:** *hematoma*
**Hemorróida:** *hemorroide*
**Hérnia:** *hernia*
**Inchaço:** *hinchazón*
**Indigestão:** *indigestión*
**Infecção:** *infección*
**Injeção:** *inyección*
**Insônia:** *insomnio*
**Insulina:** *insulina*
**Joelho:** *rodilla*
**Lábios:** *labios*
**Laringite:** *laringitis*
**Língua:** *lengua*
**Machucado:** *lastimadura*
**Manchas:** *manchas*
**Mão:** *mano*
**Maxilar:** *mandíbula/quijada*
**Músculo:** *músculo*
**Nádegas:** *nalgas*
**Nariz:** *nariz*
**Náusea:** *nausea; mareo*
**Neurologista:** *neurólogo*
**Oftalmologista:** *oftalmólogo/ oculista*
**Olhos:** *ojos*
**Ombro:** *hombro*
**Orelhas:** *oreja*
**Órgãos:** *órganos*
**Ortopedista:** *ortopedista/ortopeda*
**Otorrinolaringologista:** *otorrinolaringólogo*
**Pálpebra:** *párpado*
**Pediatra:** *pediatra*
**Peito:** *pecho*
**Pé:** *pie*
**Pênis:** *pene*
**Perna:** *pierna*
**Pés:** *pies*
**Pescoço:** *cuello*
**Picada de inseto:** *picadura*
**Pneumonia:** *neumonía; pulmonía*
**Polegar:** *pulgar*
**Pomada:** *pomada*
**Pressão sanguínea:** *presión arterial*
**Prisão de ventre:** *estreñimento*
**Pronto-socorro:** *urgencias*
**Pulmões:** *pulmones*
**Pulso:** *muñeca*
**Quadril:** *cadera*
**Queimadura:** *quemadura*
**Queixo:** *mentón*
**Reumatismo:** *reumatismo*
**Rins:** *riñones*
**Rubéola:** *rubeola*
**Sangramento:** *hemorragia*
**Sangrar:** *sangrar*
**Sarampo:** *sarmpión*
**Seio:** *seno/pecho*
**Sinusite:** *sinusitis*
**Sobrancelha:** *ceja*
**Sutura:** *sutura*
**Suturar:** *suturar*
**Testa:** *frente*
**Tontura:** *mareo*
**Tornozelo:** *tobillo*
**Úlcera:** *úlcera*
**Unha:** *uña*
**Vagina:** *vagina*
**Varíola:** *viruela*
**Veia:** *vena*
**Vertigem:** *mareo; vahído*

## Uma consulta dentária
### Una visita al dentista

Estou com dor de dente.
*Tengo dolor de muelas.*
Acho que tenho uma cárie.
*Creo que tengo una caries.*
Estou com um dente quebrado.
*Se me rompió un diente/una muela.*
Perdi uma obturação.
*Se me cayó una emplomadura (Argentina/Uruguay/Paraguay)/un empaste (España).*
Meus dentes estão muito sensíveis.
*Tengo dientes muy sensibles.*
Minhas gengivas estão doendo.
*Me duelen las encías.*

**GLOSSÁRIO TEMÁTICO: NO DENTISTA**
**GLOSARIO TEMÁTICO: EN EL DENTISTA**

**Anestesia:** *anestesia*
**Antisséptico bucal:** *enjuague bucal*
**Arrancar um dente:** *sacarle un diente a alguien*
**Bochechar:** *enjuagarse la boca*
**Broca de dentista:** *torno*
**Canal:** *conducto*
**Cárie:** *caries*
**Coroa:** *corona*
**Dentadura:** *dentadura postiza*
**Dente:** *diente*
**Dente de leite:** *diente de leche*
**Dente do siso:** *muela de juicio*
**Escova de dente:** *cepillo de dientes*
**Escovar:** *cepillarse*
**Extrair um dente:** *sacarse una muela*
**Fio dental:** *hilo*
**Gargarejar:** *hacer gárgaras*
**Gargarejo:** *gárgara*
**Hora marcada no dentista:** *cita con el dentista*
**Obturar um dente:** *emplomar/empastar (España) una muela*
**Obturação:** *emplomadura (Argentina/Uruguay/Paraguay)/un empaste (España)*
**Passar fio dental:** *limpiar con hilo dental*
**Pasta de dente:** *crema dental*

## Emergências: frases úteis
### Emergencias: frases útiles

**Você sabe me dizer onde fica a delegacia de polícia mais próxima?**
*¿Sabes decirme dónde queda la comisaría más cercana?*
**Queria fazer um boletim de ocorrência.**
*Quiero hacer una denuncia.*
**Queria registrar um roubo.**
*Quiero hacer una denuncia de robo.*
**Roubaram meu passaporte.**
*Me han robado el pasaporte.*
**Meu cartão de crédito foi roubado.**
*Me han robado la tarjeta de crédito.*
**Minha carteira/bolsa/bagagem foi roubada.**
*Me han robado la billetera/la cartera/el equipaje.*
**Perdi meus cheques de viagem.**
*Perdí mis cheques de viaje/viajero.*
**Gostaria de contatar o Consulado.**
*Quiero entrar en contacto con el Consulado.*
**Roubaram minha máquina fotográfica.**
*Me han robado la máquina fotográfica.*
**Houve um acidente.**
*Ha habido un accidente.*
**Por favor, chame uma ambulância.**
*Por favor, llama una ambulancia.*
**Preciso fazer um telefonema.**
*Necesito hacer una llamada.*

**GLOSSÁRIO TEMÁTICO: EMERGÊNCIAS**
**GLOSARIO TEMÁTICO: EMERGENCIAS**

**Achados e perdidos:** *objetos perdidos*
**Acidente:** *accidente*
**Ambulância:** *ambulancia*
**Assaltar (um lugar ou pessoa):** *robar; asaltar*
**Assaltar (pessoas):** *asaltar; atracar*
**Assaltante:** *asaltante; ladrón*
**Batedor de carteiras:** *carterista*
**Batida (automóveis):** *choque*
**Boletim de ocorrência:** *denuncia*
**Colidir; bater:** *chocar*
**Corpo de bombeiros:** *cuerpo de bomberos*
**Danificar:** *dañar*
**Dano; prejuízo:** *daño*
**Delegacia de polícia:** *comisaría*
**Ferido:** *herido*
**Furto:** *robo*
**Incêndio:** *incendio*
**Inundação:** *inundación*
**Kit de primeiros socorros:** *botiquín de primeros auxilios*
**Ladrão:** *ladrón*
**Machucar:** *lastimar*
**Perder:** *perder*
**Pertences:** *pertenencias*
**Policial:** *agente de policía*
**Pronto-socorro:** *urgencias*
**Rebocar:** *remolcar*
**Resgate:** *rescate*
**Roubar:** *robar*
**Roubo:** *robo*

# Diálogos Traduzidos

## Diálogo: Como está o tempo hoje?

**Turista:** Como está o tempo hoje?
**Recepção:** Bom, estava meio nublado hoje cedo, mas o sol está saindo agora.
**Turista:** Está quente o suficiente para nadar?
**Recepção:** Acho que sim, senhor. Mas mesmo se não estiver, uma de nossas piscinas é aquecida, o senhor poderá usá-la com certeza.
**Turista:** Ah, é bom saber disso. Obrigado!

## Diálogo: O senhor pode soletrar por favor?

**Recepção:** Qual é o seu sobrenome, senhor?
**Turista:** Albuquerque
**Recepção:** O sr. pode soletrar, por favor?
**Turista:** Claro! A - L - B - U - Q - U - E - R - Q - U - E.
**Recepção:** Albuquerque, certo! O senhor pode assinar aqui, por favor?
**Turista:** O.k.
**Recepção:** Muito bom, senhor. O senhor está no quarto 503. Aqui está sua chave.
**Turista:** Muito obrigado.
**Recepção:** Não há de quê!

## Diálogo: Fazendo o check-in no aeroporto

Vôo 5105 para Bogotá, embarque no portão 31...

**Atendente de check-in:** Bom dia, senhor. Posso ver seu passaporte e passagem, por favor?
**Turista:** Claro! Aqui está.
**Atendente de check-in:** Obrigado, senhor. O senhor pode, por favor, colocar sua mala na balança?
**Turista:** O.k.!
**Atendente de check-in:** Muito bom, senhor. Aqui está o seu cartão de embarque. O embarque tem início às 7 horas. O senhor vai embarcar no portão 23.
**Turista:** Obrigado!
**Atendente de check-in:** Não há de quê, senhor! Tenha um bom vôo.

## Diálogo: Alugando um carro

**Atendente da locadora:** Bom dia, senhor. Em que posso ajudá-lo?
**Turista:** Oi! Precisamos alugar um carro por uma semana.
**Atendente da locadora:** Claro, senhor. Que tipo de carro o sr. tem em mente?
**Turista:** Bom, precisamos de um carro com porta-malas grande. Temos quatro malas.
**Atendente da locadora:** Entendo. Deixe-me checar no nosso sistema o que temos disponível.
**Turista:** O.k.! Obrigado! A propósito, gostaríamos de ter cobertura completa, por favor.
**Atendente da locadora:** Muito bom, senhor.

## Diálogo: Problemas com o ar condicionado

**Recepção:** Recepção, Alberto falando. Em que posso servir?
**Turista:** Oi. Hum... Parece que temos um problema com o ar condicionado. Acho que não está funcionando direito.
**Recepção:** Não se preocupe, senhor. Vou mandar alguém checar imediatamente.
**Turista:** A propósito, você poderia também mandar uma toalha extra?
**Recepção:** Claro, senhor. Vou pedir para um dos nossos funcionários da governança levar mais algumas toalhas ao seu quarto.
**Turista:** Muito obrigado!
**Recepção:** Não há de quê, senhor!

## Diálogo: Pedindo indicação de caminho

**Turista:** Desculpe. Você sabe se tem uma farmácia aqui perto?
**Transeunte:** Tem uma a dois quarteirões daqui. Não tem como errar.
**Turista:** Obrigado! Também preciso sacar algum dinheiro. Você sabe onde fica o banco mais próximo?
**Transeunte:** Tem um caixa eletrônico na farmácia que te falei. Você pode sacar dinheiro lá.
**Turista:** Ah, perfeito! Muito obrigado pela sua ajuda!
**Transeunte:** Não há de quê!

## Diálogo: Procurando um lugar para comer

**Turista:** Com licença. Você pode recomendar um bom restaurante aqui perto?
**Recepção:** Claro, senhora. Que tipo de comida a senhora tem em mente?
**Turista:** Talvez massa e salada, e hambúrguer e batata frita para as crianças.
**Recepção:** Bom, neste caso eu aconselharia a senhora ir à praça de alimentação do shopping Floresta, que fica bem perto.
**Turista:** Acho que seria bom. Você pode nos dizer como chegar lá?
**Recepção:** Claro. Vou mostrar no mapa.

## Diálogo: Na lanchonete

**Garçonete:** O que posso trazer para vocês?
**Turista 1:** Eu queria um hambúrguer com queijo e batatas fritas.
**Turista 2:** Eu quero um misto quente e uma salada de alface, por favor.
**Garçonete:** O.k. E bebidas?
**Turista 1:** Vocês têm suco de laranja feito na hora?
**Garçonete:** Temos. Quer um?
**Turista 1:** Sim, por favor.
**Turista 2:** Eu quero uma coca normal, por favor.
**Garçonete:** O.k.! Eu volto já com as bebidas.

## Diálogo: Que lugares devemos visitar?

**Turista:** Oi. Gostaria de fazer um passeio e conhecer a cidade. Você pode recomendar alguns lugares?
**Recepção:** Claro, senhora. Há muito para se ver na cidade. Você já visitou algum lugar?
**Turista:** Ainda não. Cheguei ontem à noite.
**Recepção:** O.k.! Deixe-me mostrar alguns lugares aqui no mapa. Você gosta de parques e museus?

## Diálogo: Na loja de calçados

**Balconista:** Posso ajudar?
**Turista:** Estou procurando tênis. Você tem alguma coisa em liquidação?
**Balconista:** Alguns dos nossos tênis estão com 30% de desconto. Deixe-me mostrar para o senhor. Por aqui, por favor.
**Turista:** Você tem estes em cor preta?
**Balconista:** Acho que sim. Que tamanho você usa?
**Turista:** 42 ou 43. Depende do tênis.
**Balconista:** O.k.! Aqui tem um número 42. Por que você não os experimenta?
**Turista:** Claro. Obrigado!

## Diálogo: Uma consulta médica

**Médico:** Vamos entrando, por favor.
**Paciente:** Obrigado!
**Médico:** Qual é o problema?
**Paciente:** Bom, eu estou com uma erupção no braço há dois dias.
**Médico:** Deixe-me ver.
**Paciente:** Claro!
**Médico:** Hum... Você é alérgico a alguma medicação?
**Paciente:** Não que eu saiba.
**Médico:** O.k. Vou te receitar um creme. Você deve passar duas vezes ao dia. Evite coçar a pele. Você deverá ficar bem logo.
**Paciente:** Obrigado doutor!

# Glossário Português-Espanhol

**A**

**Aberto(a)/(os)/(as):** *abierto(a)/(os)/(as)*
**Abridor de garrafas:** *abrebotellas*
**Abridor de latas:** *abrelatas*
**Abril:** *abril*
**Abrir:** *abrir*
**Acampamento:** *campamento*
**Acampar:** *acampar*
**Achados e perdidos:** *objetos perdidos*
**Achar; encontrar:** *encontrar*
**ACM (abreviação de Associação Cristã de Moços):** *ACJ (abreviação de Asociación Cristiana de Jóvenes)*
**Acontecer:** *ocurrir*
**Acordar; despertar:** *despertarse*
**Acostamento:** *arcén (España y América Latina); banquina (Argentina, Uruguay, Paraguay)*
**Aeromoça:** *azafata*
**Aeroporto:** *aeropuerto*
**Agência de viagem:** *agencia de viajes*
**Agente de viagens:** *agente de viaje*
**Agência dos correios:** *correo*
**Agora:** *ahora*
**Agosto:** *agosto*
**Agradável; agradáveis:** *agradable; agradables*
**Água com gás:** *agua con gas /gasificada*
**Água mineral:** *agua mineral*
**Água potável:** *agua potable*
**Ajuda:** *ayuda*
**Ajudante de garçom; cumin:** *ayudante de camarero*
**Ajudar:** *ayudar*
**Alarme de incêndio:** *alarma contra incendios*
**Albergue da juventude:** *albergue de la juventud*
**Alfândega:** *aduana*
**Almoço:** *almuerzo*
**Alto(a)/(os)/(as):** *alto(a)/(os)/(as)*
**Alugar:** *alquilar*
**Amarelo(a)/(os)/(as):** *amarillo(a)/(os)/(as)*

**Anfitrião:** *anfitrión*
**Anfitriã:** *anfitriona*
**Antiguidades:** *antigüedades*
**Antiquário:** *tienda de antigüedades*
**Apertado(a)/(os)/(as) (roupas):** *justo(a)/(os)/(as); apretado(a)/(os)/(as); estrecho(a)/(os)/(as)*
**Apólice de seguro:** *póliza de seguros*
**Aposentado(a):** *jubilado(a)*
**Apresentar (uma pessoa para outra):** *presentar*
**Aquecedor:** *estufa*
**Aquecimento:** *calefacción*
**Aquecimento central:** *calefacción central*
**Ar condicionado:** *aire acondicionado*
**Área para não fumantes:** *sector de no fumadores*
**Armário; guarda-volume (em estações de trem, hotéis, aeroportos etc.):** *consigna; guardaequipaje; guardamaletas*
**Artesanato:** *artesanía(s)*
**Assinar:** *firmar*
**Assinatura:** *firma*
**Atraso:** *atraso*
**Atrasado(a)/(os)/(as):** *atrasado(a)/(os)/(as)*
**Aumentar (ar-condicionado, som):** *aumentar; subir*
**Azedo(a)/(os)/(as):** *ácido(a)/(os)/(as); agrio(a)/(os)/(as)*
**Azul:** *azul*

## B

**Bagagem:** *equipaje*
**Bagagem de mão:** *equipaje de mano*
**Baixo(a)/(os)/(as):** *bajo(a)/(os)/(as)*
**Balcão de companhia aérea:** *mostrador*
**Balcão de informações:** *(mostrador de) informaciones*
**Baldeação:** *transbordo*
**Balsa:** *ferry; transbordador; balsa*
**Banca de jornal:** *quiosco (de revistas y periódicos)*
**Banco:** *banco*
**Bandeja:** *bandeja*
**Banheira:** *bañera/tina (América Latina)/bañadera (Argentina)*
**Banheiro:** *baño; cuarto de baño*
**Banho:** *baño*
**Bar:** *bar*
**Barata:** *cucaracha*
**Barato(a)/(os)/(as):** *barato(a)/(os)/(as)*
**Barba:** *barba*
**Barbeador:** *cuchilla/máquina/ maquinilla de afeitar; rastrillo (México)*
**Barbeador elétrico:** *máquina de afeitar eléctrica*
**Barbear-se:** *afeitarse*
**Barco:** *barco*
**Barraca:** *carpa;tienda*
**Barulhento(a)/(os)/(as):** *ruidoso(a)/(os)/(as)*
**Bateria (pilha):** *pila*
**Batom:** *lápiz de labios*
**Beber:** *beber/tomar (Argentina)*
**Bebida:** *bebida*
**Beliche:** *litera*
**Bem-vindo a...:** *bienvenido a...*
**Biblioteca:** *biblioteca*
**Bicicleta:** *bicicleta*
**Bigode:** *bigote*
**Bilhar:** *billar*

**Bilheteria (estação de ônibus, trem):** ventanilla/mostrador de venta de pasajes
**Bilheteria (cinema, teatro):** taquilla/ boletería
**Binóculos:** binoculares
**Boa sorte:** buena suerte
**Boate:** club nocturno/disco/discoteca
**Boca:** boca
**Bolsa:** cartera; bolso (España); bolsa (México)
**Bolsa de mão:** bolso de mano
**Bolsa de água quente:** bolsa de agua caliente
**Bom apetite!:** ¡Buen provecho!
**Bomba de gasolina:** surtidor
**Bombeiros:** bombero
**Boné:** gorra
**Bonito(a)/(os)/(as):** bonito(a)/(os)/(as); lindo(a)/(os)/(as)
**Bordado:** bordado
**Bosque:** bosque
**Botão:** botón
**Bote salva-vidas:** bote salvavidas
**Branco(a)/(os)/(as):** blanco(a)/(os)/(as)
**Brincos:** aros (Argentina); pendientes
**Brinquedo:** juguete
**Bronzeado:** bronceado
**Bronzear:** broncearse; tomar sol
**Buscar (pegar alguém em algum lugar):** buscar; recoger
**Bússola:** brújula

# C

**Cabide:** percha
**Cabine do comandante:** cabina de mando
**Cachoeira:** cascada; salto de agua
**Cadeira:** silla
**Cadeira de rodas:** silla de ruedas
**Café-da-manhã:** desayuno
**Caixa (pessoa):** cajero(a)
**Caixa eletrônico de banco:** cajero electrónico
**Calçada:** acera, banqueta (México); andén (América Central y Colombia); vereda (Argentina y Perú)
**Calefação central:** calefacción central
**Cama:** cama
**Cama king-size (de tamanho maior do que o padrão):** cama king-size
**Camareira:** camarera
**Camping:** camping
**Caneca:** taza; jarrito (Argentina); tarro (México y Venezuela)
**Cardápio:** menú
**Caro(a)/(os)/(as):** caro(a)/(os)/(as)
**Carregador de bagagem (hotéis):** botones; mozo (España)
**Carro de aluguel:** coche de alquiler
**Cartão de crédito:** tarjeta de crédito
**Cartão de embarque:** tarjeta de embarque
**Cartão-postal:** tarjeta postal
**Carteira:** billetera
**Carteira de motorista:** carné(España)/registro (Argentina) de conductor
**Carteiro:** cartero
**Casado(a):** casado(a)
**Cassino:** casino
**Castelo:** castillo
**Catedral:** catedral

GLOSSÁRIO PORTUGUÊS / ESPANHOL

**Católico(a)/(os)/(as):** *Católico(a)/(os)/(as)*
**Cavalo:** *caballo*
**Caverna:** *cueva*
**Cedo:** *temprano*
**Cemitério:** *cementerio*
**Centro financeiro:** *centro financiero*
**Cerâmica:** *cerámica*
**Certificado:** *certificado*
**Chafariz:** *fuente*
**Chamada a cobrar:** *llamada de cobro revertido*
**Chamada telefônica local:** *llamada local*
**Chamada telefônica longa-distância:** *llamada de larga distancia*
**Chão:** *piso*
**Chapéu:** *sombrero*
**Charuto:** *cigarro*
**Chave:** *llave*
**Chegada:** *llegada; arribo*
**Chegar:** *llegar*
**Cheio(a)/(os)/(as):** *lleno(a)/(os)/(as)*
**Cheque:** *cheque*
**Chover:** *llover*
**Churrascaria:** *churrasquería; asador; parrilla (Argentina y Uruguay)*
**Churrasco:** *asado, barbacoa (Guatemala y México); parrillada (Argentina y Uruguay)*
**Chuveiro:** *ducha*
**Ciclovia:** *carril para bicicletas (España); ciclovía (América Latina)*
**Cidade velha:** *ciudad vieja*
**Cinto:** *cinturón*
**Cinto de segurança:** *cinturón de seguridad*
**Cinzeiro:** *cenicero*
**Cinzento:** *gris*
**Classe:** *clase*
**Classe executiva:** *clase ejecutiva*
**Classe econômica:** *clase económica*
**Cobertor:** *manta (España)/cobija, frazada (América Latina)*
**Código:** *código*
**Código postal:** *código postal*
**Cofre:** *caja fuerte*
**Colar:** *collar*
**Colchão:** *colchón*
**Colchão de dormir:** *saco/bolsa de dormir*
**Colete salva-vidas:** *chaleco salva vidas*
**Colher:** *cuchara*
**Com:** *con*
**Com antecedência:** *con antelación*
**Com licença:** *permiso*
**Combustível:** *combustible*
**Começar:** *comenzar; empezar*
**Comer:** *comer*
**Comida:** *comida*
**Comissão:** *comisión*
**Comissário(a) de bordo:** *comisario(a) de bordo*
**Companhia; empresa:** *compañía; empresa*
**Companhia aérea:** *aerolínea; compañía aérea*
**Compartimento:** *compartimiento*
**Comprar:** *comprar*
**Comprido(a)/(os)/(as):** *largo(a)/(os)/(as)*
**Comprimento:** *largura*
**Comprimido:** *pastilla; comprimido*

**Compromisso (hora marcada):** *hora; cita*
**Comprovante de pagamento:** *comprobante de pago*
**Concerto:** *concierto*
**Condicionador:** *condicionador; crema enjuague*
**Confirmar:** *confirmar*
**Confortável:** *cómodo; confortable*
**Congelador:** *congelador*
**Conhecer:** *conocer*
**Conhecido(a)/(os)/(as):** *conocido(a)/(os)/(as)*
**Consertar:** *arreglar; reparar*
**Conserto:** *arreglo; reparo*
**Consulado:** *consulado*
**Conta (restaurantes):** *cuenta; adición*
**Contra:** *contra*
**Convite:** *invitación*
**Cópia:** *copia*
**Copo:** *vaso*
**Cor:** *color*
**Correio:** *correo*
**Corretor(a) de imóveis:** *agente imobiliario(a)*
**Corrida:** *carrera*
**Cortar:** *cortar*
**Corte:** *corte*
**Corte de cabelo:** *corte de pelo/cabello*
**Cortinas:** *cortinas*
**Costa (litoral):** *costa*
**Couro:** *cuero*
**Cozinhar:** *cocinar*
**Cozinheiro(a):** *cocinero(a)*
**Crédito:** *crédito*
**Criança:** *niño*
**Cristal:** *cristal*
**Cruz:** *cruz*
**Cruzeiro:** *crucero*
**Cumin; ajudante de garçom:** *ayudante de camarero*
**Curto(a)/(os)/(as):** *corto(a)/(os)/(as)*
**Custar:** *costar*
**Custo adicional:** *cargo adicional*

# D

**Dança:** *danza*
**Dançar:** *bailar*
**Danificado:** *dañada*
**Danificar:** *dañar; perjudicar*
**Dar:** *dar*
**Dar descarga:** *tirar la cadena*
**Data:** *fecha*
**Data de nascimento:** *fecha de nacimiento*
**De segunda mão:** *de segunda mano*
**Declarar:** *declarar*
**Decolar:** *despegar*
**Decolagem:** *despegue*
**Deficiente físico:** *discapacitado*
**Delegacia de polícia:** *comisaría*
**Delicioso(a)/(os)/(as):** *exquisito(a)/(os)/(as)*
**Demais:** *demasiado(a)/(os)/(as)*
**Depressa:** *rápido*
**Dentro:** *dentro*
**Depois:** *después*
**Depósito:** *depósito*
**Desagradável; desagradáveis:** *desagradable*
**Descansar:** *descansar*
**Descer do ônibus, do trem etc.:** *bajarse del autobús, del tren, etc.*

**Descongelar:** *descongelar*
**Descontar (cheques):** *cobrar un cheque*
**Desconto:** *descuento*
**Desculpas:** *disculpas*
**Desligar:** *apagar (la luz/la TV/la radio, etc.)*
**Desmaiar:** *desmayarse*
**Despachar as malas:** *facturar el equipaje*
**Despertador:** *despertador*
**Destino:** *destino*
**Detalhes:** *detalles*
**Devagar:** *despacio*
**Dever (dinheiro a alguém):** *deber*
**Dezembro:** *diciembre*
**Diamante:** *diamante*
**Diária de hotel:** *precio de la habitación*
**Diariamente:** *diariamente*
**Dias úteis:** *días de semana*
**Diesel:** *gasoil*
**Dieta:** *dieta*
**Difícil; difíceis:** *difícil; difíciles*
**Diminuir, abaixar (ar condicionado, som):** *bajar; disminuir (aire acondicionado, volumen)*
**Dinheiro:** *dinero*
**Direção:** *dirección*
**Direita:** *derecha*
**Direto:** *directo*
**Dirigir:** *manejar (Argentina)/conducir*
**Disponibilidade:** *disponibilidad*
**Disponível:** *disponible*
**Divertido(a)/(os)/(as):** *divertido(a)/(os)/(as)*
**Divertir-se:** *divertirse; pasarla bien*
**Dividir (quarto, casa, mesa, etc.):** *compartir (habitación, casa, mesa)*

**Divorciado(a)/(os)/(as):** *divorciado*
**Dizer:** *decir*
**Doce:** *dulce*
**Dono(a):** *dueño(a)*
**Dormir:** *dormir*
**Dublado (filme):** *doblada (película)*
**Durar:** *durar*
**Ducha:** *ducha*
**Duro(a)/(os)/(as):** *duro (a)/(os)/(as)*

# E

**Elevador:** *ascensor*
**Embaixada:** *embajada*
**Embaixador:** *embajador*
**Embarcar:** *embarcar*
**Embarque:** *embarque*
**Emergência:** *emergencia*
**Empresa:** *compañía*
**Emprestar:** *prestar*
**Encanador:** *fontanero (España)/plomero (Argentina)*
**Endereço:** *dirección*
**Endereço de e-mail:** *dirección de e-mail*
**Enfermeira:** *enfermera*
**Engarrafamento (trânsito):** *embotellamiento/atasco*
**Engraçado(a)/(os)/(as):** *divertido(a)/(os)/(as); gracioso(a)/(os)/(as)*
**Engraxate:** *lustrabotas; limpiabotas*
**Ensolarado(a)/(os)/(as):** *soleado(a)/(os)/(as)*
**Entender:** *entender; comprender*
**Entrada (ingresso; bilhete):** *entrada*
**Entrada (de um prédio, de uma casa):** *entrada*
**Entrar:** *entrar*

**Entrega:** *entrega*
**Entregar:** *entregar*
**Entupido(a)/(os)/(as):** *tapado(a)/(os)/(as); obstruido(a)/(os)/(as)*
**Envelope:** *sobre*
**Enviar:** *enviar*
**Enxaqueca:** *jaqueca*
**Equipamento:** *equipo*
**Equipe:** *equipo*
**Errado(a)/(os)/(as):** *equivocado(a)/(os)/(as); mal*
**Engano (telefonemas):** *número equivocado*
**Erro:** *error; falta*
**Escada:** *escalera*
**Escada rolante:** *escalera mecánica*
**Escada de emergência:** *escalera de incendios*
**Escolher:** *escoger; elegir (Argentina)*
**Escorregadio(a)/(os)/(as):** *rebaladizo(a)/(os)/(as); resbaloso(a)/(os)/(as) (América Latina)*
**Escova:** *cepillo*
**Escova de cabelo:** *cepillo de pelo*
**Escova de dente:** *cepillo de dientes*
**Escrever:** *escribir*
**Escritório:** *oficina*
**Escuro(a)/(os)/(as):** *oscuro(a)/(os)/(as)*
**Esgotado(a)/(os)/(as):** *agotado(a)/(os)/(as)*
**Esmalte:** *esmalte*
**Espelho:** *espejo*
**Esperar:** *esperar*
**Espetáculo:** *espectáculo; show*
**Esponja:** *esponja*
**Esporte:** *deporte*
**Espreguiçadeira:** *tumbona (España)/ reposera (América)*
**Esquerda:** *izquierda*
**Esqui:** *esquí*
**Esqui aquático:** *esquí acuático*
**Esquiar:** *esquiar*
**Esquina:** *esquina*
**Estação de esqui:** *estación de esquí*
**Estação de metrô:** *estación de metro/ subte (Argentina)*
**Estação ferroviária:** *estación de tren*
**Estação rodoviária:** *estación de autobús*
**Estacionamento:** *estacionamiento*
**Estacionar:** *estacionar (Argentina), parquear, aparcar (América)*
**Estadia:** *estadía (América Latina); estancia (México y España)*
**Estádio:** *estadio; cancha (Argentina)*
**Estátua:** *estatua*
**Estepe (pneu sobressalente):** *neumático de repuesto/goma de auxilio (Argentina)*
**Estrada:** *carretera*
**Estranho(a)/(os)/(as):** *raro(a)/(os)/(as); extraño(a)/(os)/(as)*
**Estreito(a)/(os)/(as):** *angosto(a)/(os)/(as); estrecho(a)/(os)/(as)*
**Estudante:** *estudiante*
**Estudar:** *estudiar*
**Excursão:** *excursión*
**Extintor de incêndio:** *extintor*

# F

**Faca:** *cuchillo*
**Fácil; fáceis:** *fácil; fáciles*
**Faixa de pedestres:** *cruce de peatones*

**Falar:** *hablar*
**Famoso(a)/(os)/(as):** *famoso(a)/(os)/(as)*
**Farmácia:** *farmacia*
**Faxineiro(a):** *persona de la limpieza*
**Fazer a barba:** *afeitarse*
**Fazer as malas:** *hacer la valijas; empacar*
**Fazer compras:** *hacer compras*
**Fazer o check-in no aeroporto:** *facturar el equipaje; hacer el check in*
**Fazer o check-in no hotel:** *registrarse en el hotel*
**Fazer um cheque; preencher um cheque:** *hacer un cheque*
**Fazer uma transferência eletrônica; fazer um doc:** *hacer una transferencia electrónica*
**Falta de energia:** *apagón*
**Fechado(a)/(os)/(as):** *cerrado(a)/(os)/(as)*
**Fechadura:** *cerradura*
**Fechar:** *cerrar*
**Feio(a)/(os)/(as):** *feo(a)/(os)/(as)*
**Feliz aniversário:** *Feliz cumpleaños*
**Feliz ano-novo:** *Feliz año nuevo*
**Feliz natal:** *Feliz navidad*
**Feriado:** *feriado*
**Férias:** *vacaciones*
**Ferimento:** *herida; lastimadura*
**Ferro de passar roupa:** *plancha*
**Ferrovia:** *ferrocarril*
**Fervido:** *hervido*
**Festa:** *fiesta*
**Fevereiro:** *febrero*
**Ficar:** *quedarse*
**Ficha:** *ficha*

**Flash (máquina fotográfica):** *flash*
**Flor:** *flor*
**Floresta:** *bosque*
**Fogo:** *fuego*
**Fogão:** *cocina*
**Folheto:** *folleto*
**Fonte:** *fuente*
**Formulário:** *formulario*
**Forno:** *horno*
**Forno de microondas:** *horno de microondas*
**Forte; fortes:** *fuerte; fuertes*
**Fósforos:** *fósforos; cerillas (España)*
**Fotografia:** *foto; fotografía*
**Fotografar:** *fotografiar*
**Fotógrafo(a):** *fotógrafo(a)*
**Fralda:** *pañal*
**Fresco(a)/(os)/(as):** *fresco (a)/(os)/(as)*
**Frigobar:** *minibar*
**Frio(a)/(os)/(as):** *frío(a)/(os)/(as)*
**Fronha:** *funda*
**Fruta:** *fruta*
**Frutos do mar:** *mariscos*
**Fumar:** *fumar*
**Funcionar:** *funcionar*
**Fundo(a)/(os)/(as):** *hondo(a)/(os)/(as)*

# G

**Galeria de arte:** *galería de arte*
**Garçom:** *camarero; mesero (América Latina); mesonero (Venezuela); mozo (Argentina)*
**Garçonete:** *camarera; mesera (América Latina); mesonera (Venezuela); moza (Argentina)*

**Garfo:** *tenedor*
**Garganta:** *garganta*
**Garrafa:** *botella*
**Gasolina:** *gasolina; nafta (Argentina)*
**Gasolina sem chumbo:** *gasolina/nafta (Argentina) sin plomo*
**Gastar:** *gastar*
**Geada:** *helada/ escarcha*
**Geladeira:** *Heladera (Argentina); nevera (España)*
**Gelo:** *hielo*
**Gente:** *gente*
**Gentil:** *amable; gentil*
**Gerente:** *gerente*
**Gorjeta:** *propina*
**Gostar:** *gustar*
**Grama:** *pasto*
**Gramado:** *césped, pasto (América Latina), grama (América Central, Venezuela)*
**Gramas (medida de peso):** *gramos*
**Grande:** *grande*
**Gratuito(a)/(os)/(as):** *gratis*
**Graus:** *grados*
**Grave; graves:** *grave; graves*
**Grávida:** *embarazada*
**Graxa (para sapatos):** *betún; pomada; pasta (Chile)*
**Grelhado(a)/(os)/(as):** *a la grilla*
**Grosso(a)/(os)/(as):** *grueso(a)/(os)/(as)*
**Grupo:** *grupo*
**Guarda-chuva:** *paraguas*
**Guardanapo:** *servilleta*
**Guardanapo de papel:** *servilleta de papel*

**Guarda-volume (em estações de trem, hotéis, aeroportos etc.):** *consigna*
**Guia:** *guía*
**Guinchar; rebocar:** *remolcar*
**Guincho (veículo):** *remolque*

# H

**Hall de entrada:** *vestíbulo*
**Hematoma:** *hematoma*
**Hidromassagem:** *jacuzzi*
**Hipódromo:** *hipódromo*
**Hoje:** *hoy*
**Hora:** *hora*
**Hora do rush:** *Hora pico (Argentina)/ Hora del taco (Chile)/ Hora punta (Perú y España)*
**Horário (de ônibus, trens):** *horario*
**Horário comercial:** *horario comercial*
**Horário de visita:** *horario de visita*
**Horrível; horríveis:** *horrible; horribles*
**Hospedar:** *hospedar*
**Hóspede:** *huesped*
**Hospital:** *hospital*
**Hotel:** *hotel*
**Hotel cinco estrelas:** *hotel cinco estrellas*

# I

**Iate:** *yate*
**Idade:** *edad*
**Idosos:** *personas mayores*
**Igreja:** *iglesias*
**Ilegal; ilegais:** *ilegal; ilegales*
**Ilha:** *isla*
**Imposto:** *impuesto*
**Incluso(a)/(os)/(as):** *incluido(a)/(os)/(as)*

**Incluir:** *incluir*
**Incomodar:** *molestar; incomodar*
**Indicar:** *indicar*
**Indigestão:** *indisgestión*
**Infecção:** *infección*
**Infelizmente:** *infelizmente*
**Inferior:** *inferior*
**Informações:** *informaciones*
**Infração de trânsito:** *infracción de tránsito*
**Ingresso:** *entrada*
**Inseto:** *insecto*
**Insônia:** *insomnio*
**Instalações:** *instalaciones*
**Instruções:** *instrucciones*
**Instrutor:** *instructor*
**Interessante(s):** *interesante(s)*
**Intérprete:** *intérprete*
**Interruptor de luz:** *interruptor*
**Interurbano:** *llamada de larga distancia*
**Inverno:** *invierno*
**Ir:** *ir*
**Isqueiro:** *encendedor (Argentina); mechero*

# J

**Janeiro:** *enero*
**Janela:** *ventana*
**Jantar:** *cena*
**Jardim:** *jardín*
**Jardim botânico:** *jardín botánico*
**Jet ski:** *jet-ski; motocicleta acuática*
**Joalheria:** *joyería*
**Jogar (futbol/tênis/etc.):** *jugar (al fútbol/tenis/etc.)*
**Jogar (cassino):** *apostar*
**Jogo:** *juego*
**Jornal:** *periódico; diario (Argentina)*
**Jovem; jovens:** *joven; jóvenes*
**Julho:** *julio*
**Junho:** *junio*

# K

**Karaoke:** *karaokê*
**Ketchup:** *Ketchup*

# L

**Lã:** *lana*
**Ladrão:** *ladrón*
**Lago:** *lago*
**Lagoa:** *laguna*
**Lâmina de barbear:** *hoja de afeitar*
**Lâmpada:** *bombilla (México)/ foco (Colombia y Venezuela) bombillo/ bombita/lámpara (Chile y Argentina)/ ampolleta (América Central)/ bujía*
**Lancha:** *lancha*
**Lanche:** *tentenpié*
**Lanchonete:** *cafetería; sandwichería*
**Lanterna:** *linterna*
**Largo(a)/(os)/(as):** *ancho(a)/(os)/(as)*
**Largo(a) (roupas):** *suelto(a)*
**Lata:** *lata*
**Lata de lixo:** *tacho de basura*
**Lavagem a seco:** *lavado en seco*
**Lavagem de roupas:** *lavado de ropa*
**Lavanderia (auto-serviço):** *lavandería automática*
**Legendas (filme):** *subtítulos*
**Lembranças:** *recuerdo; souvenir*
**Lenço:** *pañuelo*

**Lenço de papel:** *pañuelo de papel*
**Lençóis:** *sábanas*
**Lentes de contato:** *lentes de contacto*
**Lento(a)/(os)/(as):** *lento(a)/(os)/(as)*
**Ler:** *leer*
**Leste:** *este*
**Levantar (da cama):** *levantarse*
**Levar:** *llevar*
**Leve(s):** *leve(s); liviano(a)/(os)/(as); ligero(a)/(os)/(as)*
**Ligar (luz, TV, rádio, ar-condicionado etc.):** *encender*
**Ligação internacional:** *llamada internacional*
**Ligação a cobrar:** *llamada de cobro revertido*
**Limite de velocidade:** *límite de velocidad*
Veja *Placas de trânsito comuns em países de língua espanhola*, p. xx.
**Limpar:** *limpiar*
**Limpeza:** *limpieza*
**Limpo(a)/(os)/(as):** *limpio(a)/(os)/(as)*
**Liquidação:** *liquidación*
**Liso(a) (sem estampa):** *liso(a)*
**Lista telefônica:** *guía telefónica*
**Livraria:** *librería*
**Litro:** *litro*
**Livre:** *libre*
**Livro:** *libro*
**Local:** *sitio; lugar*
**Localização:** *localización*
**Loção:** *loción*
**Loção após-barba:** *loción para después del afeitado*
**Logo:** *pronto; dentro de poco*
**Loja:** *tienda; negocio (Argentina)*
**Loja de conveniências:** *tienda de conveniencia (España)/maxiquiosco o polirrubro (Argentina)*
**Loja de departamento:** *grandes tiendas*
**Lojinha de presentes (em hotéis):** *tienda de regalos*
**Longe:** *lejos*
**Lotado(a)/(os)/(as); cheio(a)/(os)/(as):** *lleno(a)/(os)/(as)*
**Louça:** *vajilla*
**Lua de mel:** *luna de miel*
**Lugar:** *lugar*
**Luva:** *guante*
**Luz:** *luz*

# M

**Maio:** *mayo*
**Maiô:** *traje de baño/malla/bañador*
**Mais:** *más*
**Maitre:** *maitre*
**Mala:** *valija (Argentina); maleta*
**Maleta de mão:** *maletín; portafolio (América Latina)*
**Mal-educado(a)/(os)/(as):** *maleducado(a)/(os)/(as)*
**Mal-entendido:** *malentendido*
**Mamadeira:** *mamadera; biberón (España)*
**Manga (de roupa):** *manga*
**Manhã:** *mañana*
**Manicure:** *manicura*
**Mapa:** *mapa*
**Mapa rodoviário:** *mapa carretero*
**Maquiagem:** *maquillaje*
**Máquina de lavar:** *lavarropa; lavadora (Argentina y Uruguay)*

**Máquina fotográfica:** *máquina fotográfica*
**Máquina para fazer café:** *máquina de café*
**Mar:** *mar*
**Marcar um horário:** *pedir turno*
**Março:** *marzo*
**Marron:** *marrón*
**Matinê:** *matiné*
**Mau(s)/má(s):** *mal(a)/(os)/(as)*
**Mecânico:** *mecánico*
**Médico(a):** *médico(a)*
**Medidas:** *medidas*
**Melhor do que:** *mejor que*
**Mensagem:** *mensaje*
**Mercado:** *mercado*
**Mergulhar:** *zambullirse*
**Mês:** *mes*
**Mesa:** *mesa*
**Mesquita:** *mezquita*
**Metade:** *mitad*
**Metrô:** *metro; subte (Argentina)*
**Milhagem:** *millas acumuladas*
**Mirante:** *mirador*
**Missa:** *misa*
**Mobília:** *mobiliario*
**Mochila:** *mochila*
**Moderno(a)/(os)/(as):** *moderno(a)/(os)/(as)*
**Moeda:** *moneda*
**Moeda corrente:** *moneda corriente*
**Montanha:** *montanha*
**Montanha-russa:** *montaña rusa*
**Morar:** *vivir*
**Mordomo:** *mayordomo*
**Morro:** *monte*
**Mosca:** *mosca*
**Mosteiro:** *monasterio*
**Mostrar:** *mostrar*
**Motorista:** *conductor*
**Muçulmano:** *musulmán*
**Mudar:** *cambiar*
**Muito:** *mucho*
**Muletas:** *muletas*
**Multa:** *multa*
**Multa de trânsito:** *multa de tránsito*
**Multar:** *multar*
**Museu:** *museo*
**Música:** *música*

# N

**Nacionalidade:** *nacionalidad*
**Nada:** *nada*
**Nadar:** *nadar*
**Não perturbe:** *no moleste*
**Natação:** *natación*
**Natal:** *Navidad*
**Navio:** *barco; buque*
**Neblina:** *neblina*
**Nevar:** *nevar*
**Neve:** *nieve*
**No exterior:** *en el exterior*
**Norte:** *norte*
**Novembro:** *noviembre*
**Novo(a)/(os)/(as):** *nuevo(a)/(os)/(as)*
**Nublado:** *nublado*
**Nunca:** *nunca*

# O

**Obrigado:** *gracias*
**Oceano:** *océano*
**Oceano Atlântico:** *Océano Atlántico*
**Oceano Pacífico:** *Océano Pacífico*

**Óculos:** *anteojos (Argentina); gafas*
**Óculos de sol:** *anteojos (Argentina)/ gafas de sol*
**Ocupado(a)/(os)/(as):** *ocupado(a)/(os)/(as)*
**Oeste:** *oeste*
**Oficina mecânica:** *taller mecánico*
**Onda:** *ola*
**Ônibus:** *autobús, bus (América Latina), camión (América Central, México), colectivo (Argentina), ómnibus (Perú, Uruguay), micro (Chile), guagua (Cuba);*
**Ontem:** *ayer*
**Ópera:** *ópera*
**Orquestra:** *orchesta*
**Ótimo(a)/(os)/(as):** *excelente(s)*
**Ouro:** *oro*
**Outono:** *otoño*
**Outubro:** *octubre*
**Ouvir:** *oír*

# P

**Paciente:** *paciente*
**Pacote:** *paquete*
**Padaria:** *panadería*
**Padre:** *padre*
**Pagamento:** *pago*
**Pagar:** *pagar*
**País:** *país*
**Palácio:** *palacio*
**Palito de dente:** *escarbadientes/mondadientes*
**Panela:** *cacerola/olla*
**Pano:** *paño; trapo*
**Papel higiênico:** *papel higiénico*
**Parabéns:** *felicitaciones*
**Parar:** *parar*
**Parlamento:** *parlamento*
**Parque:** *parque*
**Parque de diversões:** *parque de diversiones*
**Parque temático:** *parque temático*
**Parquímetro:** *parquímetro*
**Partida (aviões):** *partida*
**Passagem; bilhete:** *pasaje; billete*
**Passagem aérea:** *pasaje aéreo*
**Passagem de ida e volta:** *pasaje de ida y vuelta*
**Passagem só de ida:** *pasaje de ida*
**Passaporte:** *pasaporte*
**Passar a ferro:** *planchar*
**Passar férias:** *pasar las vacaciones*
**Pássaro:** *pájaro*
**Passeio turístico:** *paseo turístico*
**Passeio de barco:** *paseo en barco*
**Pasta de dente:** *dentífrico; pasta de dientes*
**Patim:** *patín*
**Patinação:** *patinación*
**Pedaço:** *pedazo*
**Pedágio:** *peaje*
**Pedicure:** *pedícuro*
**Pedir; fazer o pedido (restaurantes, lanchonetes etc.):** *pedir; hacer el pedido*
**Pedras preciosas:** *piedras preciosas*
**Pegar (ônibus, metrô, trem):** *coger/tomar (Argentina y Uruguay)*
**Peixe (morto):** *pescado*
**Peixe (vivo):** *pez*
**Pele:** *piel*
**Pelo menos:** *por lo menos*
**Penhasco:** *acantilado*

**Pensão:** *pensión*
**Pensão completa:** *pensión completa*
**Pensar:** *pensar*
**Pente:** *peine*
**Pentear:** *peinarse*
**Pequeno(a)/(os)/(as):** *pequeño(a)/(os)/(as)*
**Perder:** *perder*
**Perdido(a)/(os)/(as):** *perdido(a)/(os)/(as)*
**Pergunta:** *pregunta*
**Perigo:** *peligro*
**Perigoso(a)/(os)/(as):** *peligroso(a)/(os)/(as)*
**Pérola:** *perla*
**Pertencer:** *pertenecer*
**Perto:** *cerca*
**Perturbar:** *molestar*
**Pesado(a)/(os)/(as):** *pesado(a)/(os)/(as)*
**Pescar:** *pescar*
**Pia:** *lavabo/ lavamanos/lavatorio (América del Sur)/pileta (Río de la Plata)*
**Piada:** *chiste*
**Picada de inseto:** *picadura*
**Pilha:** *pila*
**Pílula:** *píldora*
**Pingar:** *gotear*
**Pior do que:** *peor que*
**Piquenique:** *picnic*
**Piscina:** *piscina; pileta (Argentina)*
**Piscina coberta:** *piscina/pileta (Argentina) cubierta*
**Placa:** *señal (vial)*
**Polícia:** *policía*
**Ponte:** *puente*

**Ponto de encontro:** *punto de encuentro*
**Ponto de ônibus:** *parada de autobús*
**Ponto de táxi:** *parada de taxi*
**Pôr; colocar:** *poner; colocar*
**Porção:** *porción*
**Pôr-do-sol:** *atardecer; puesta de sol*
**Porto:** *puerto*
**Portão:** *puerta*
**Porteiro:** *portero*
**Posto de gasolina:** *gasolinera (España)/ estación de servicio (Argentina.)*
**Praça:** *plaza*
**Praça de alimentação:** *plaza de comidas*
**Praia:** *playa*
**Prato (culinária):** *plato*
**Prato principal:** *plato principal*
**Precisar:** *precisar; necesitar*
**Preço:** *precio*
**Prédio:** *edificio*
**Preencher (formulário, ficha):** *rellenar*
**Preferido(a)/(os)/(as):** *preferido(a)/(os)/(as); favorito(a)/(os)/(as)*
**Presente:** *regalo*
**Preto(a)/(os)/(as):** *negro(a)/(os)/(as)*
**Previsão do tempo:** *pronóstico del tiempo*
**Primavera:** *primavera*
**Procurar:** *buscar*
**Proibido estacionar:** *prohibido estacionar*
**Pronto(a)/(os)/(as):** *listo(a)/(os)/(as)*
**Protetor solar:** *pantalla solar*
**Provador (lojas):** *probador*

**Pulga:** *pulga*
**Pulseira:** *pulsera; brazalete*

## Q

**Quadra de esportes:** *cancha (América Latina); pista (España)*
**Quadra de basquete:** *cancha (América Latina)/ pista (España) de baloncesto/básquetbol*
**Quadra de tênis:** *cancha (América Latina)/pista (España) de tenis*
**Quadro (pintura):** *cuadro*
**Quando:** *cuando*
**Quantia:** *cantidad; suma; importe*
**Quanto(a)/(os)/(as):** *cuanto(a)/(os)/(as)*
**Quarta-feira:** *miércoles*
**Quarteirão:** *cuadra*
**Quarto (dormitório):** *habitación*
**Quarto de solteiro:** *habitación simple*
**Quarto de casal:** *habitación doble*
**Quarto com café-da-manhã:** *habitación con desayuno*
**Quase:** *casi*
**Quem:** *quien*
**Quente:** *caliente*
**Quilo:** *kilo*
**Quilograma:** *kilograma*
**Quilometragem:** *kilometraje*
**Quilometragem livre:** *kilometraje libre*
**Quilômetro:** *kilómetro*
**Quinta-feira:** *jueves*

## R

**Rainha:** *reina*
**Ramal de telefone:** *interno (Argentina)/ extensión (España)*
**Rápido(a)/(os)/(as):** *rápido(a)/(os)/(as)*
**Raquete:** *raqueta*
**Rebocar:** *remolcar*
**Recado:** *mensaje; recado*
**Receita médica:** *receta médica*
**Receita culinária:** *receta de cocina*
**Recepção:** *recepción*
**Recibo:** *recibo*
**Reclamações:** *quejas; reclamos*
**Recomendar:** *recomendar*
**Recusar:** *rechazar; rehusar*
**Reembolso:** *reembolso*
**Refeição:** *comida*
**Refrigerante:** *gaseosa*
**Região:** *región*
**Religião:** *religión*
**Relógio de parede/mesa:** *reloj de pared/mesa*
**Relógio de pulso:** *reloj pulsera*
**Remédio:** *remedio*
**Reservar (mesa, hotel):** *reservar*
**Reserva:** *reserva*
**Ressaca:** *resaca, cruda (América Central, México), guayabo (Colombia), ratón (Venezuela)*
**Revista:** *revista*
**Riacho:** *riachuelo*
**Rinque de patinação:** *pista de patinaje*
**Rio:** *río*
**Rir:** *reír(se)*
**Rodovia:** *carretera*
**Rodovia pedagiada:** *carretera con peaje*
**Rótulo:** *rótulo; etiqueta*
**Roubado(a)/(os)/(as):** *robado(a)/(os)/(as)*

**Roubar:** *robar*
**Roubo:** *robo*
**Roupa de banho:** *traje de baño*
**Roupa de mergulho:** *traje de buzo*
**Roupas:** *ropa*
**Roupa de cama:** *ropa de cama*
**Roxo(a)/(os)/(as):** *morado(a)/(os)/(as); violeta; púrpura*
**Rua de mão dupla:** *calle de dos manos*
**Rua de mão única:** *calle de sentido único*
**Rua principal:** *calle principal*
**Rua sem saída:** *calle sin salida*

## S
**Sábado:** *sábado*
**Saber:** *saber*
**Sabonete:** *jabón de tocador*
**Saca-rolhas:** *sacacorchos*
**Sacar (dinheiro):** *sacar; retirar*
**Saco:** *bolso*
**Saco de dormir:** *bolsa de dormir*
**Saco plástico:** *bolsa de plástico*
**Saguão (de hotel, teatro, aeroporto, estação ferroviária):** *vestíbulo/entrada/hall*
**Saída:** *salida*
**Saída de emergência:** *salida de emergencia*
**Sair; deixar:** *salir; dejar*
**Sala de espera:** *sala de espera*
**Sala de embarque:** *sala de embarque*
**Sala de ginástica:** *gimnasio*
**Salão de jogos:** *sala de juegos*
**Salva-vidas:** *salvavidas; socorrista*
**Sanduíche:** *sándwich; bocadillo (España)*
**Sangrar:** *sangrar*

**Saudações:** *saludos*
**Saúde:** *salud*
**Saúde! (ao fazer um brinde):** *¡Salud!*
**Sauna:** *sauna*
**Secretária eletrônica:** *contestador automático*
**Secador de cabelo:** *secador de pelo*
**Seda:** *seda*
**Segunda-feira:** *lunes*
**Segurança:** *seguridad*
**Seguro(a)/(os)/(as):** *seguro(a)/(os)/(as)*
**Seguro (de carro, casa etc.):** *seguro*
**Seguro-saúde:** *seguro médico*
**Seguro total:** *seguro total*
**Seguradora:** *compañía de seguros*
**Selo:** *estampilla; sello (España)*
**Sem:** *sin*
**Semáforo:** *semáforo*
**Semana:** *semana*
**Sempre:** *siempre*
**Sentar:** *sentar(se)*
**Separado(a)/(os)/(as):** *separado(a)/(os)/(as)*
**Serviço de despertador:** *servicio de despertador*
**Serviço de manobrista:** *aparcacoches (España)/valet parking (América Latina)*
**Serviço de quarto:** *servicio de habitación*
**Setembro:** *septiembre*
**Sexta-feira:** *viernes*
**Shopping:** *shopping; centro de compras*
**Silêncio:** *silencia*
**Silencioso(a)/(os)/(as):** *silencioso(a)/(os)/(as)*
**Sinagoga:** *sinagoga*

**Sinuca:** *billar*
**Site na internet:** *sitio en la internet*
**Smoking:** *smoking*
**Sobremesa:** *postre*
**Socorro:** *auxilio*
**Soletrar:** *deletrear*
**Solteiro(a):** *soltero(a)*
**Sorvete:** *helado*
**Sozinho(a)/(os)/(as):** *solo(a)/(os)/(as)*
**Sugerir:** *sugerir*
**Sujo(a)/(os)/(as):** *sucio*
**Sul:** *sur; sud*
**Superlotação (aviões):** *exceso de reservas*
**Supermercado:** *supermercado*
**Supervisionar:** *supervisar*
**Suvenir (lembrança; recordação):** *souvenir; recuerdo*

# T

**Talão de cheques:** *talón de cheques*
**Talco:** *talco*
**Talheres:** *cubiertos*
**Talvez:** *talvez; quizá*
**Tamanho:** *tamaño*
**Taxa:** *tasa; índice*
**Taxa de câmbio:** *tasa de cambio*
**Táxi:** *taxi*
**Teatro:** *teatro*
**Teatro lírico:** *ópera*
**Tecido:** *tela*
**Telefonar:** *llamar por teléfono; telefonear*
**Telefone:** *teléfono*
**Telefone celular:** *teléfono celular/móvil*
**Telefone público:** *teléfono público*

**Telefonema local:** *llamada local*
**Telefonema de longa distância:** *llamada de larga distancia*
**Telefonista:** *telefonista; operador(a)*
**Televisão (aparelho):** *televisor*
**Televisão (sistema):** *televisión*
**Televisão a cabo:** *televisión a cable*
**Temperatura:** *temperatura*
**Tempero:** *condimento*
**Tempo (clima):** *tiempo*
**Tempo livre:** *tiempo libre*
**Ter:** *tener*
**Terça-feira:** *martes*
**Termômetro:** *termómetro*
**Terno:** *traje*
**Térreo:** *planta baja*
**Tesoura:** *tijera*
**Teto solar:** *techo corredizo*
**Tipo de sangue:** *tipo sanguineo*
**Tirar fotografias:** *sacar fotos*
**Toalete:** *baño; toilette; aseo; servicio; lavabo*
**Toalha:** *toalla*
**Torneira:** *canilla (Argentina); el grifo (España)*
**Torradeira:** *tostadora*
**Touca de banho:** *gorra de baño*
**Tradução:** *traducción*
**Traduzir:** *traducir*
**Tráfego:** *tráfico; tránsito*
**Trailer:** *caravana (España); casa rodante (Argentina)*
**Travesseiro:** *almohada*
**Travessia:** *travesía; cruce*
**Trazer:** *traer*
**Trem:** *tren*
**Tripulação:** *tripulación*

**Trocado:** *cambio*
**Trocar:** *cambiar*
**Trocar um cheque:** *hacer efectivo un cheque*
**Troco:** *cambio*
**Túnel:** *túnel*
**Turista:** *turista*

## U

**Último(a)/(os)/(as):** *último(a)/(os)/(as)*
**Úmido(a)/(os)/(as):** *húmedo(a)/(os)/(as)*
**Unidade:** *unidad*
**Unidade monetária:** *moneda*
**Uniforme:** *uniforme*
**Urso:** *oso*
**Usar:** *usar*
**Útil, úteis:** *útil; útiles*

## V

**Vale (comprovante de pagamento):** *vale; cupón*
**Válido(a)/(os)/(as):** *válido(a)/(os)/(as)*
**Valor:** *valor*
**Vara de pescar:** *caña de pescar*
**Varanda:** *balcón*
**Vazio(a)/(os)/(as):** *vacío(a)/(os)/(as)*
**Vegetariano(a)/(os)/(as):** *vegetariano(a)/(os)/(as)*
**Vela:** *vela*
**Veleiro:** *velero*
**Velho(a)/(os)/(as):** *viejo(a)/(os)/(as)*
**Veneno:** *veneno*
**Venenoso(a)/(os)/(as):** *venenoso(a)/(os)/(as)*
**Ventilador:** *ventilador*
**Ver:** *ver*
**Verão:** *verano*
**Verdadeiro(a)/(os)/(as):** *verdadero(a)/(os)/(as)*
**Verde:** *verde*
**Verificar:** *verificar; comprobar; chequear*
**Vermelho:** *rojo*
**Vespa:** *avispa*
**Viagem:** *viaje*
**Viagem de férias:** *viaje de vacaciones*
**Viagem de negócios:** *viaje de negocios*
**Viajar:** *viajar*
**Viajar a negócios:** *viajar por negocios*
**Vinho:** *vino*
**Vinho branco:** *vino blanco*
**Vinho tinto:** *vino tinto*
**Visitar:** *visitar*
**Visto de entrada:** *visa; visado*
**Voltagem:** *voltaje*
**Vomitar:** *vomitar*
**Vôo:** *vuelo*
**Vôo de conexão:** *conexión*
**Vôo fretado:** *vuelo chárter*
**Vôo sem escalas:** *vuelo sin escalas*

## W

**web:** *web; red informática*

## X

**Xadrez:** *ajedrez*
**Xampu:** *shampú*
**Xarope:** *jarabe*
**Xícara:** *taza*

## Z

**Zoológico:** *zoológico*

# Glossário Espanhol-Português

## A
*A la grilla:* grelhado(a)/(os)/(as)
*Abierto(a)/(os)/(as):* aberto(a)/(os)/(as)
*Abrebotellas:* abridor de garrafas
*Abrelatas:* abridor de latas:
*Abril:* abril
*Abrir:* abrir
*Acampar:* acampar
*Acantilado:* penhasco
*Acera:* calçada
*Ácido:* azedo(a)/(os)/(as)
*ACJ (abreviação de Asociación Cristiana de Jóvenes):* ACM (Associação Cristã de Moços)
*Adición:* conta (restaurantes)
*Aduana:* alfândega:
*Aerolínea; compañía aérea:* companhia aérea
*Aeropuerto:* aeroporto
*Afeitarse:* fazer a barba, barbear-se
*Agencia de viajes:* agência de viagem
*Agente de viaje:* agente de viagens
*Agente imobiliario(a):* corretor(a) de imóveis
*Agosto:* agosto
*Agotado(a)/(os)/(as):* esgotado(a)/(os)/(as)
*Agradable; agradables:* agradável; agradáveis
*Agrio:* azedo(a)/(os)/(as)
*Agua con gas/gasificada:* agua com gás
*Agua mineral:* água mineral:
*Agua potable:* água potável
*Ahora:* agora
*Aire acondicionado:* ar condicionado
*Ajedrez:* xadrez
*Alarma contra incendios:* alarme de incêndio
*Albergue de la juventud:* albergue da juventude
*Almohada:* travesseiro
*Almuerzo:* almoço
*Alquilar:* alugar
*Alto(a)/(os)/(as):* alto(a)/(os)/(as)
*Amable:* gentil

*Amarillo(a)/(os)/(as):* amarelo (a)/(os)/(as)
*Ampolleta (América Central):* lâmpada
*Ancho(a)/(os)/(as):* largo(a)/(os)/(as)
*Andén (América Central y Colombia):* calçada
*Anfitrión:* anfitrião
*Anfitriona:* anfitriã
*Angosto(a)/(os)/(as) :* estreito(a)/(os)/(as)
*Anteojos (Argentina):* óculos
*Anteojos (Argentina):* óculos de sol
*Antigüedades:* antiguidades
*Apagar (la luz/la TV/la radio, etc.):* desligar
*Apagón:* falta de energia
*Aparcacoches (España):* serviço de manobrista
*Aparcar (América):* estacionar
*Apostar:* jogar (cassino)
*Apretado(a)/(os)/(as) (ropa):* apertado(a)/(os)/(as) (roupas)
*Arcén (España y América Latina):* acostamento
*Aros (Argentina):* brincos
*Arreglar:* consertar
*Arreglo:* conserto
*Arribo:* chegada
*Artesanía(s):* artesanato
*Asado:* churrasco
*Asador:* churrascaria
*Ascensor:* elevador
*Aseo:* toalete
*Atardecer:* pôr-do-sol
*Atasco:* engarrafamento (trânsito)

*Atrasado (a)/(os)/(as):* atrasado(a)/(os)/(as)
*Atraso:* atraso
*Aumentar:* aumentar
*Autobús:* ônibus
*Auxilio:* socorro
*Avispa:* vespa
*Ayer:* ontem
*Ayuda:* ajuda:
*Ayudante de camarero:* ajudante de garçom; cumin
*Ayudar:* ajudar
*Azafata:* aeromoça
*Azul:* azul

# B

*Bailar:* dançar
*Bajar (aire acondicionado, volumen):* diminuir, abaixar (ar condicionado, som)
*Bajarse del autobús, del tren, etc.:* descer do ônibus, do trem etc.
*Bajo(a)/(os)/(as) :*baixo(a)/(os)/(as)
*Balcón:* varanda
*Balsa:* balsa
*Bañador:* maiô
*Banco:* banco
*Bandeja:* bandeja
*Bañera; tina (América Latina); bañadera (Argentina):* banheira
*Baño:* toalete
*Baño:* banho
*Baño; cuarto de baño:* banheiro
*Banqueta (México):* calçada
*Banquina (Argentina, Uruguay, Paraguay):* acostamento

*Bar:* bar
*Barato (a)/(os)/(as):* barato(a)/(os)/(as)
*Barba:* barba
*Barbacoa (Guatemala y México):* churrasco
*Barco:* barco
*Barco:* navio
*Beber; tomar (Argentina):* beber
*Bebida:* bebida
*Betún:* graxa (para sapatos)
*Biberón (España):* mamadeira
*Biblioteca:* biblioteca
*Bicicleta:* bicicleta
*Bienvenido a...:* bem-vindo a...
*Bigote:* bigode
*Billar:* sinuca
*Billar:* bilhar
*Billete:* passagem; bilhete
*Billetera:* carteira
*Binoculares:* binóculos
*Blanco(a)/(os)/(as):* branco (a)/(os)/(as)
*Boca:* boca
*Bocadillo (España):* sanduíche
*Boletería:* bilheteria (cinema, teatro)
*Bolsa (México):* bolsa
*Bolsa de agua caliente:* bolsa de água quente
*Bolsa de dormir:* colchão de dormir
*Bolsa de dormir:* saco de dormir
*Bolsa de plástico:* saco plástico
*Bolso (España):* bolsa
*Bolso de mano:* bolsa de mão
*Bolso:* saco
*Bombero:* bombeiros
*Bombilla (México):* lâmpada
*Bombillo:* lâmpada
*Bombita:* lâmpada
*Bonito(a)/(os)/(as):* bonito(a)/(os)/(as)
*Bordado:* bordado
*Bosque:* floresta
*Bosque:* bosque
*Bote salvavidas:* bote salva-vidas
*Botella:* garrafa
*Botón:* botão
*Botones:* carregador de bagagem (hotéis)
*Brazalete:* pulseira
*Bronceado:* bronzeado
*Broncearse; tomar sol:* bronzear
*Brújula:* bússola
*Buen provecho:* bom apetite!
*Buena suerte:* boa sorte
*Bujía:* lâmpada
*Buque:* navio
*Bus (América Latina):* ônibus
*Buscar:* procurar
*Buscar:* buscar (pegar alguém em algum lugar)

## C

*Caballo:* cavalo
*Cabina de mando:* cabine do comandante
*Cacerola:* panela
*Cafetería:* lanchonete
*Caja fuerte:* cofre
*Cajero electrónico:* caixa eletrônico de banco
*Cajero(a):* caixa (pessoa)
*Calefacción central:* aquecimento central

*Calefacción central:* calefação central
*Calefacción:* aquecimento
*Caliente:* quente
*Calle de dos manos:* rua de mão dupla
*Calle de sentido único:* rua de mão única
*Calle principal:* rua principal
*Calle sin salida:* rua sem saída
*Cama king-size:* cama king-size (de tamanho maior do que o padrão)
*Cama:* cama
*Camarera:* camareira
*Camarera:* garçonete
*Camarero:* garçom
*Cambiar:* mudar
*Cambiar:* trocar
*Cambio:* trocado
*Cambio:* troco
*Camión (América Central, México):* ônibus
*Campamento:* acampamento
*Camping:* camping
*Caña de pescar:* vara de pescar
*Cancha (América Latina):* quadra de esportes
*Cancha (Argentina):* estádio
*Canilla (Argentina):* torneira
*Cantidad:* quantia
*Caravana (España):* trailer
*Cargo adicional:* custo adicional
*Carné (España) de conductor:* carteira de motorista
*Caro(a)/(os)/(as):* caro(a)/(os)/(as)
*Carpa:* barraca
*Carrera:* corrida
*Carretera con peaje:* rodovia pedagiada
*Carretera:* estrada

*Carretera:* rodovia
*Carril para bicicletas (España):* ciclovia
*Cartera:* bolsa
*Cartero:* carteiro
*Casa rodante (Argentina):* trailer
*Casado(a):* casado(a)
*Cascada:* cachoeira
*Casi:* quase
*Casino:* cassino
*Castillo:* castelo
*Catedral:* catedral
*Católico(a)/(os)/(as):* católico(a)/(os)/(as)
*Cementerio:* cemitério
*Cena:* jantar
*Cenicero:* cinzeiro
*Centro de compras:* shopping
*Centro financiero:* centro financeiro
*Cepillo de dientes:* escova de dente
*Cepillo de pelo:* escova de cabelo
*Cepillo:* escova
*Cerámica:* cerâmica
*Cerca:* perto
*Cerillas (España):* fósforos
*Cerrado(a)/(os)/(as):* fechado(a)/(os)/(as)
*Cerradura:* fechadura
*Cerrar:* fechar
*Certificado:* certificado
*Césped:* gramado
*Chaleco salvavidas:* colete salva-vidas
*Cheque:* cheque
*Chequear:* verificar
*Chiste:* piada
*Churrasquería:* churrascaria
*Ciclovía (América Latina):* ciclovia

*Cigarro:* charuto
*Cinturón de seguridad:* cinto de segurança
*Cinturón:* cinto
*Cita:* compromisso (hora marcada)
*Ciudad vieja:* cidade velha
*Clase económica:* classe econômica
*Clase ejecutiva:* classe executiva
*Clase:* classe
*Club nocturno:* boate
*Cobija:* cobertor
*Cobrar un cheque:* descontar (cheques)
*Coche de alquiler:* carro de aluguel
*Cocina:* fogão
*Cocinar:* cozinhar
*Cocinero(a):* cozinheiro(a)
*Código postal:* código postal
*Código:* código
*Coger/tomar (Argentina y Uruguay):* pegar (ônibus, metrô, trem)
*Colchón:* colchão
*Colectivo (Argentina):* ônibus
*Collar:* colar
*Color:* cor
*Combustible:* combustível
*Comenzar:* começar
*Comer:* comer
*Comida:* refeição
*Comida:* comida
*Comisaría:* delegacia de polícia
*Comisario de bordo:* comissário(a) de bordo
*Comisión:* comissão
*Cómodo:* confortável; confortáveis
*Compañía de seguros:* seguradora
*Compañía:* companhia; empresa
*Compartimiento:* compartimento
*Compartir (habitación, casa, mesa):* dividir (quarto, casa, mesa, etc.)
*Comprar:* comprar
*Comprender:* entender
*Comprimido:* comprimido
*Comprobante de pago:* comprovante de pagamento
*Comprobar:* verificar
*Con antelación:* com antecedência
*Con:* com
*Concierto:* concerto
*Condicionador:* condicionador
*Condimento:* tempero
*Conducir:* dirigir
*Conductor:* motorista
*Conexión:* vôo de conexão
*Confirmar:* confirmar
*Confortable:* confortável; confortáveis
*Congelador:* congelador
*Conocer:* conhecer
*Conocido (a)/(os)/(as):* conhecido(a)/(os)/(as)
*Consigna:* armário; guarda-volume (em estações de trem, hotéis, aeroportos etc.)
*Consulado:* consulado
*Contestador automático:* secretária eletrônica
*Contra:* contra
*Copia:* cópia
*Correo:* agência dos correios; correio
*Cortar:* cortar
*Corte de pelo/cabello:* corte de cabelo
*Corte:* corte
*Cortinas:* cortinas
*Corto(a)/(os)/(as):* curto(a)/(os)/(as)
*Costa:* costa (litoral)

*Costar:* custar
*Crédito:* crédito
*Crema enjuague:* condicionador
*Cristal:* cristal
*Cruce de peatones/peatonal:* faixa de pedestres
*Cruce:* travessia
*Crucero:* cruzeiro
*Cruda (América Central, México):* ressaca
*Cruz:* cruz
*Cuadra:* quarteirão
*Cuadro:* quadro (pintura)
*Cuando:* quando
*Cuanto(a)/(os)/(as):* quanto(a)/(os)/(as)
*Cubiertos:* talheres
*Cucaracha:* barata
*Cuchara:* colher
*Cuchilla de afeitar:* barbeador
*Cuchillo:* faca
*Cuenta:* conta (restaurantes)
*Cuero:* couro
*Cueva:* caverna
*Cupón:* vale (comprovante de pagamento)

# D

*Dañada:* danificado
*Dañar:* danificar
*Danza:* dança
*Dar:* dar
*De segunda mano:* de segunda mão
*Deber:* dever (dinheiro a alguém)
*Decir:* dizer
*Declarar:* declarar
*Dejar:* sair; deixar

*Deletrear:* soletrar
*Demasiado(a)/(os)/(as):* demais
*Dentífrico:* pasta de dente
*Dentro de poco:* logo
*Dentro:* dentro
*Deporte:* esporte
*Depósito:* depósito
*Derecha:* direita
*Desagradable; desagradables:* desagradável; desagradáveis
*Desayuno:* café-da-manhã
*Descansar:* descansar
*Descongelar:* descongelar
*Descuento:* desconto
*Desmayarse:* desmaiar
*Despacio:* devagar
*Despegar:* decolar
*Despegue:* decolagem
*Despertador:* despertador
*Despertarse:* acordar; despertar
*Después:* depois
*Destino:* destino
*Detalles:* detalhes
*Diamante:* diamante
*Diariamente:* diariamente
*Diario (Argentina):* jornal
*Días de semana:* dias úteis
*Diciembre:* dezembro
*Dieta:* dieta
*Difícil; difíciles:* difícil; difíceis
*Dinero:* dinheiro
*Dirección de e-mail:* endereço de e-mail
*Dirección:* direção
*Dirección:* endereço
*Directo:* direto
*Discapacitado:* deficiente físico
*Disco:* boate

*Discoteca:* boate
*Disculpas:* desculpas
*Disminuir (aire acondicionado, volumen):* diminuir, abaixar (ar condicionado, som)
*Disponibilidad:* disponibilidade
*Disponible:* disponível
*Divertido(a)/(os)/(as):* divertido(a)/(os)/(as); engraçado(a)/(os)/(as)
*Divertirse:* divertir-se
*Divorciado:* divorciado(a)/(os)/(as)
*Doblada (película):* dublado (filme)
*Dormir:* dormir
*Ducha:* chuveiro; ducha
*Dueño(a):* dono(a)
*Dulce:* doce
*Durar:* durar
*Duro (a)/(os)/(as):* duro(a)/(os)/(as)

# E

*Edad:* idade
*Edificio:* prédio
*Elegir (Argentina):* escolher
*Embajada:* embaixada
*Embajador:* embaixador
*Embarazada:* grávida
*Embarcar:* embarcar
*Embarque:* embarque
*Embotellamiento:* engarrafamento (trânsito)
*Emergencia:* emergência
*Empacar:* fazer as malas
*Empezar:* começar
*Empresa:* companhia; empresa
*En el exterior:* no exterior
*Encendedor (Argentina):* isqueiro

*Encender:* ligar (luz, TV, rádio, ar-condicionado etc.)
*Encontrar:* achar; encontrar
*Enero:* janeiro
*Enfermera:* enfermeira
*Entender:* entender
*Entrada:* entrada (de um prédio, de uma casa)
*Entrada:* entrada (ingresso; bilhete)
*Entrar:* entrar
*Entrega:* entrega
*Entregar:* entregar
*Enviar:* enviar
*Equipaje de mano:* bagagem de mão
*Equipaje:* bagagem
*Equipo:* equipamento
*Equipo:* equipe
*Equivocado(a)/(os)/(as):* errado(a)/(os)/(as)
*Error:* erro
*Escalera de incendios:* escada de emergência
*Escalera mecánica:* escada rolante
*Escalera:* escada
*Escarbadientes:* palito de dente
*Escarcha:* geada
*Escoger:* escolher
*Escribir:* escrever
*Esmalte:* esmalte
*Espectáculo:* espetáculo
*Espejo:* espelho
*Esperar:* esperar
*Esponja:* esponja
*Esquí acuático:* esqui aquático
*Esquí:* esqui
*Esquiar:* esquiar
*Esquina:* esquina

*Estación de autobús:* estação rodoviária
*Estación de esquí:* estação de esqui
*Estación de metro:* estação de metrô
*Estación de servicio (Argentina.):* posto de gasolina
*Estación de subte (Argentina):* estação de metrô
*Estación de tren:* estação ferroviária
*Estacionamiento:* estacionamento
*Estacionar (Argentina):* estacionar
*Estadía (América Latina):* estadia
*Estadio:* estádio
*Estampilla:* selo
*Estancia (México y España):* estadia
*Estatua:* estátua
*Este:* leste
*Estrecho(a)/(os)/(as) (ropa):* apertado(a)/(os)/(as) (roupas); estreito(a)/(os)/(as)
*Estudiante:* estudante
*Estudiar:* estudar
*Estufa:* aquecedor
*Etiqueta:* rótulo
*Excelente(s):* ótimo(a)/(os)/(as)
*Exceso de reservas:* superlotação (aviões)
*Excursión:* excursão
*Explanada:* saguão de aeroporto, estação ferroviária etc.
*Exquisito(a)/(os)/(as):* delicioso(a)/(os)/(as)
*Extensión (España):* ramal de telefone
*Extintor:* extintor de incêndio

# F

*Fácil; fáciles:* fácil; fáceis
*Facturar el equipaje:* despachar as malas
*Facturar el equipaje:* fazer o check-in no aeroporto
*Falta:* erro
*Famoso(a)/(os)/(as):* famoso(a)/(os)/(as)
*Farmacia:* farmácia
*Febrero:* fevereiro
*Fecha de nacimiento:* data de nascimento
*Fecha:* data
*Felicitaciones:* parabéns
*Feliz año nuevo:* feliz ano-novo
*Feliz cumpleaños:* feliz aniversário
*Feliz navidad:* feliz natal
*Feo(a)/(os)/(as):* feio(a)/(os)/(as)
*Feriado:* feriado
*Ferrocarril:* ferrovia
*Ferry:* balsa
*Ficha:* ficha
*Fiesta:* festa
*Firma:* assinatura
*Firmar:* assinar
*Flash:* flash (máquina fotográfica)
*Flor:* flor
*Foco (Colombia y Venezuela):* lâmpada
*Folleto:* folheto
*Fontanero (España):* encanador
*Formulario:* formulário
*Fósforos:* fósforos
*Foto; fotografía:* fotografia
*Fotografiar:* fotografar
*Fotógrafo(a):* fotógrafo(a)
*Foyer:* saguão (de hotel, teatro)
*Frazada (América Latina):* cobertor
*Fresco(a)/(os)/(as):* fresco(a)/(os)/(as)
*Frío(a)/(os)/(as):* frio(a)/(os)/(as)
*Fruta:* fruta

*Fuego:* fogo
*Fuente:* chafariz; fonte
*Fuerte; fuertes:* forte; fortes
*Fumar:* fumar
*Funcionar:* funcionar
*Funda:* fronha

## G

*Gafas de sol:* óculos de sol
*Gafas:* óculos
*Galería de arte:* galeria de arte
*Garganta:* garganta
*Gaseosa:* refrigerante
*Gasoil:* diesel
*Gasolina:* gasolina
*Gasolina:* gasolina sem chumbo
*Gasolinera (España):* posto de gasolina
*Gastar:* gastar
*Gente:* gente
*Gentil:* gentil
*Gerente:* gerente
*Gimnasio:* sala de ginástica
*Goma de auxilio (Argentina):* estepe (pneu sobressalente)
*Gorra de baño:* touca de banho
*Gorra:* boné
*Gotear:* pingar
*Gracias:* obrigado
*Gracioso(a)/(os)/(as):* engraçado(a)/(os)/(as)
*Grados:* graus
*Grama (América Central, Venezuela):* gramado
*Gramos:* gramas (medida de peso)
*Grande:* grande
*Grandes tiendas:* loja de departamento

*Gratis:* gratuito(a)/(os)/(as)
*Grave; graves:* grave; graves
*Grifo (España):* torneira
*Gris:* cinzento
*Grueso(a)/(os)/(as):* grosso(a)/(os)/(as)
*Grupo:* grupo
*Guagua (Cuba):* ônibus
*Guante:* luva
*guardaequipaje:* armário; guarda-volume (em estações de trem, hotéis, aeroportos etc.)
*guardamaletas:* armário; guarda-volume (em estações de trem, hotéis, aeroportos etc.)
*Guayabo (Colombia):* ressaca
*Guía telefónica:* lista telefônica
*Guía:* guia
*Gustar:* gostar

## H

*Habitación con desayuno:* quarto com café-da-manhã
*Habitación doble:* quarto de casal
*Habitación simple:* quarto de solteiro
*Habitación:* quarto (dormitório)
*Hablar:* falar
*Hacer compras:* fazer compras
*Hacer efectivo un cheque:* trocar um cheque
*Hacer el check in:* fazer o check-in no aeroporto
*Hacer el pedido:* pedir; fazer o pedido (restaurantes, lanchonetes etc.)
*Hacer la valijas:* fazer as malas
*Hacer un cheque:* fazer um cheque; preencher um cheque

*Hacer una transferencia electrónica:* fazer uma transferência eletrônica; fazer um DOC
*Helada:* geada
*Heladera (Argentina):* geladeira
*Helado:* sorvete
*Hematoma:* hematoma
*Herida; lastimadura:* ferimento
*Hervido:* fervido
*Hielo:* gelo
*Hipódromo:* hipódromo
*Hoja de afeitar:* lâmina de barbear
*Hondo(a)/(os)/(as):* fundo(a)/(os)/(as)
*Hora del taco (Chile):* hora do rush
*Hora pico (Argentina):* hora do rush
*Hora punta (Perú y España):* hora do rush
*Hora:* hora
*Horario comercial:* horário comercial
*Horario de visita:* horário de visita
*Horario:* horário (de ônibus, trens)
*Horno de microondas:* forno de microondas
*Horno:* forno
*Horrible; horribles:* horrível; horríveis
*Hospedar:* hospedar
*Hospital:* hospital
*Hotel cinco estrellas:* hotel cinco estrelas
*Hotel:* hotel
*Hoy:* hoje
*Huesped:* hóspede
*Húmedo(a)/(os)/(as):* úmido(a)/(os)/(as)

## I

*Iglesias:* igreja
*Ilegal; ilegales:* ilegal; ilegais
*Importe:* quantia
*Impuesto:* imposto
*Incluido(a)/(os)/(as):* incluso(a)/(os)/(as)
*Incluir:* incluir
*Indicar:* indicar
*Indice:* taxa
*Indigestión:* indigestão
*Infección:* infecção
*Infelizmente:* infelizmente
*Inferior:* inferior
*Informaciones:* informações
*Infracción de tránsito:* infração de trânsito
*Insecto:* inseto
*Insomnio:* insônia
*Instalaciones:* instalações
*Instrucciones:* instruções
*Instructor:* instrutor
*Interesante(s):* interessante(s)
*Interno (Argentina):* ramal de telefone
*Intérprete:* intérprete
*Interruptor:* interruptor de luz
*Invierno:* inverno
*Invitación:* convite
*Ir:* ir
*Isla:* ilha
*Izquierda:* esquerda

## J

*Jabón de tocador:* sabonete
*Jacuzzi:* hidromassagem
*Jaqueca:* enxaqueca
*Jarabe:* xarope
*Jardín botánico:* jardim botânico
*Jardín:* jardim
*Jarrito (Argentina):* caneca

*Jet-ski:* jet ski
*Joven; jóvenes:* jovem; jovens
*Joyería:* joalheria
*ubilado(a):* Aposentado(a)
*Juego:* jogo
*Jueves:* quinta-feira
*Jugar (al fútbol/tenis/etc.):* jogar (futebol/tênis/etc.)
*Juguete:* brinquedo
*Julio:* julho
*Junio:* junho
*Justo(a)/(os)/(as) (ropa):* apertado(a)/(os)/(as) (roupas)

# K

*Karaoke:* karaokê
*Ketchup:* ketchup
*Kilo:* quilo
*Kilometraje libre:* quilometragem livre
*Kilometraje:* quilometragem
*Kilómetro:* quilômetro

# L

*Ladrón:* ladrão
*Lago:* lago
*Laguna:* lagoa
*Lámpara (Chile y Argentina):* lâmpada
*Lana:* lã
*Lancha:* lancha
*Lápiz de labios:* batom
*Largo(a)/(os)/(as):* comprido(a)/(os)/(as)
*Largura:* comprimento
*Lata:* lata
*Lavabo:* pia
*Lavabo:* toalete

*Lavado de ropa:* lavagem de roupas
*Lavado en seco:* lavagem a seco
*Lavadora (Argentina y Uruguay):* máquina de lavar
*Lavamanos:* pia
*Lavandería automática:* lavanderia (auto-serviço)
*Lavarropa:* máquina de lavar
*Lavatorio (América del Sur):* pia
*Leer:* ler
*Lejos:* longe
*Lentes de contacto:* lentes de contato
*Lento(a)/(os)/(as):* lento(a)/(os)/(as)
*Levantarse:* levantar (da cama)
*Leve(s):* leve(s)
*Libre:* livre
*Librería:* livraria
*Libro:* livro
*Ligero(a)/(os)/(as):* leve(s)
*Límite de velocidad:* limite de velocidade
*Limpiabotas:* engraxate
*Limpiar:* limpar
*Limpieza:* limpeza
*Limpio(a)/(os)/(as):* limpo(a)/(os)/(as)
*Lindo(a)/(os)/(as):* bonito(a)/(os)/(as)
*Linterna:* lanterna
*Liquidación:* liquidação
*Liso(a):* liso(a) (sem estampa)
*Listo(a)/(os)/(as):* pronto(a)/(os)/(as)
*Litera:* beliche
*Litro:* litro
*Liviano(a)/(os)/(as):* leve(s)
*Llamada de cobro revertido:* chamada/ligação a cobrar

*Llamada de larga distancia:* chamada/telefonema de longa-distância; interurbano
*Llamada internacional:* ligação internacional
*Llamada local:* chamada telefônica/telefonema local
*Llamar por teléfono:* telefonar
*Llave:* chave
*Llegada; chegada*
*Llegar:* chegar
*Lleno(a)/(os)/(as):* lotado(a)/(os)/(as); cheio(a)/(os)/(as)
*Llevar:* levar
*Llover:* chover
*Localización:* localização
*Loción para después del afeitado:* loção após-barba
*Loción:* loção
*Lugar:* local; lugar
*Luna de miel:* lua de mel
*Lunes:* segunda-feira
*Lustrabotas:* engraxate
*Luz:* luz

# M

*Maitre:* maitre
*Mal(a)/(os)/(as):* mau(s)/má(s)
*Mal:* errado(a)/(os)/(as)
*Maleducado(a)/(os)/(as):* mal-educado(a)/(os)/(as)
*Malentendido:* mal-entendido
*Maleta:* mala
*Maletín:* maleta de mão
*Malla:* maiô
*Mamadera:* mamadeira
*Mañana:* manhã

*Manejar (Argentina):* dirigir
*Manga:* manga (de roupa)
*Manicura:* manicure
*Manta (España):* cobertor
*Mapa carretero:* mapa rodoviário
*Mapa:* mapa
*Maquillaje:* maquiagem
*Máquina de afeitar eléctrica:* barbeador elétrico
*Máquina de afeitar:* barbeador
*Máquina de café:* máquina para fazer café
*Máquina fotográfica:* máquina fotográfica
*Maquinilla de afeitar:* barbeador
*Mar:* mar
*Mariscos:* frutos do mar
*Marrón:* marron
*Martes:* terça-feira
*Marzo:* março
*Más:* mais
*Matiné:* matinê
*Maxiquiosco (Argentina):* loja de conveniências
*Mayo:* maio
*Mayordomo:* mordomo
*Mecánico:* mecânico
*Mechero:* isqueiro
*Médico(a):* médico(a)
*Medidas:* medidas
*Mejor que:* melhor do que
*Mensaje:* mensagem; recado
*Menú:* cardápio
*Mercado:* mercado
*Mes:* mês
*Mesa:* mesa
*Mesera (América Latina):* garçonete

*Mesero (América Latina):* garçom
*Mesonera (Venezuela):* garçonete
*Mesonero (Venezuela):* garçom
*Metro:* metrô
*Mezquita:* mesquita
*Micro (Chile):* ônibus
*Miércoles:* quarta-feira
*Millas acumuladas:* milhagem
*Minibar:* frigobar
*Mirador:* mirante
*Misa:* missa
*Mitad:* metade
*Mobiliario:* mobília
*Mochila:* mochila
*Moderno(a)/(os)/(as):* moderno(a)/(os)/(as)
*Molestar; incomodar:* perturbar; incomodar
*Monasterio:* mosteiro
*Mondadientes:* palito de dente
*Moneda corriente:* moeda corrente
*Moneda:* moeda
*Moneda:* unidade monetária
*Montaña rusa:* montanha-russa
*Montanha:* montanha
*Monte:* morro
*Morado(a)/(os)/(as):* roxo(a)/(os)/(as)
*Mosca:* mosca
*Mostrador de informaciones:* balcão de informações
*Mostrador de venta de pasajes:* bilheteria (estação de ônibus, trem)
*Mostrador:* balcão de companhia aérea
*Mostrar:* mostrar
*Motocicleta acuática:* jet ski

*Moza (Argentina):* garçonete
*Mozo (Argentina):* garçom
*Mozo (España):* carregador de bagagem (hotéis)
*Mucho:* muito
*Muletas:* muletas
*Multa de tránsito:* multa de trânsito
*Multa:* multa
*Multar:* multar
*Museo:* museu
*Música:* música
*Musulmán:* muçulmano
*Muy:* muito

# N

*Nacionalidad:* nacionalidade
*Nada:* nada
*Nadar:* nadar
*Nafta (Argentina) sin plomo:* gasolina sem chumbo
*Nafta (Argentina):* gasolina
*Natación:* natação
*Navidad:* natal
*Neblina:* neblina
*Necesitar:* precisar
*Negro(a)/(os)/(as):* preto(a)/(os)/(as)
*Neumático de repuesto:* estepe (pneu sobressalente)
*Nevar:* nevar
*Nevera (España):* geladeira
*Nieve:* neve
*Niño:* criança
*No moleste:* não perturbe
*Norte:* norte
*Noviembre:* novembro
*Nublado:* nublado

***Nuevo(a)/(os)/(as):*** novo(a)/(os)/(as)
***Número equivocado:*** engano (telefonemas)
***Nunca:*** nunca

# O

***Objetos perdidos:*** achados e perdidos
***Obstruido(a)/(os)/(as):*** entupido(a)/(os)/(as)
***Océano atlántico:*** oceano Atlântico
***Océano pacífico:*** oceano Pacífico
***Océano:*** oceano
***Octubre:*** outubro
***Ocupado(a)/(os)/(as):*** ocupado(a)/(os)/(as)
***Ocurrir:*** acontecer
***Oeste:*** oeste
***Oficina:*** escritório
***Oír:*** ouvir
***Ola:*** onda
***Olla:*** panela
***Ómnibus (Perú, Uruguay):*** ônibus
***Ópera:*** ópera
***Orchesta:*** orquestra
***Oro:*** ouro
***Oscuro(a)/(os)/(as):*** escuro(a)/(os)/(as)
***Oso:*** urso
***Otoño:*** outono

# P

***Paciente:*** paciente
***Padre:*** padre; pai
***Pagar:*** pagar
***Pago:*** pagamento
***País:*** país
***Pájaro:*** pássaro
***Palacio:*** palácio
***Panadería:*** padaria
***Pañal:*** fralda
***Paño:*** pano
***Pantalla solar:*** protetor solar
***Pañuelo de papel:*** lenço de papel
***Pañuelo:*** lenço
***Papel higiénico:*** papel higiênico
***Paquete:*** pacote
***Parada de autobús:*** ponto de ônibus
***Parada de taxi:*** ponto de táxi
***Paraguas:*** guarda-chuva
***Parar:*** parar
***Parlamento:*** parlamento
***Parque de diversiones:*** parque de diversões
***Parque temático:*** parque temático
***Parque:*** parque
***Parquear:*** estacionar
***Parquímetro:*** parquímetro
***Parrilla (Argentina y Uruguay):*** churrascaria
***Parrillada (Argentina y Uruguay):*** churrasco
***Partida:*** partida (aviões)
***Pasaje aéreo:*** passagem aérea
***Pasaje de ida y vuelta:*** passagem de ida e volta
***Pasaje de ida:*** passagem só de ida
***Pasaje:*** passagem; bilhete
***Pasaporte:*** passaporte
***Pasar las vacaciones:*** passar férias
***Pasarla bien:*** divertir-se
***Paseo en barco:*** passeio de barco
***Paseo turístico:*** passeio turístico
***Pasta (Chile):*** graxa (para sapatos)

*Pasta de dientes:* pasta de dente
*Pastilla:* comprimido
*Pasto (América Latina):* gramado
*Pasto:* grama
*Patín:* patim
*Patinación:* patinação
*Peaje:* pedágio
*Pedazo:* pedaço
*Pedícuro:* pedicure
*Pedir turno:* marcar um horário
*Pedir:* pedir; fazer o pedido (restaurantes, lanchonetes etc.)
*Peinarse:* pentear
*Peine:* pente
*Peligro:* perigo
*Peligroso(a)/(os)/(as):* perigoso(a)/(os)/(as)
*Pendientes:* brincos
*Pensar:* pensar
*Pensión completa:* pensão completa
*Pensión:* pensão
*Peor que:* pior do que
*Pequeño(a)/(os)/(as):* pequeno(a)/(os)/(as)
*Percha:* cabide
*Perder:* perder
*Perdido(a)/(os)/(as):* perdido(a)/(os)/(as)
*Periódico:* jornal
*Perjudicar:* danificar
*Perla:* pérola
*Permiso:* com licença
*Persona de la limpieza:* faxineiro(a)
*Personas mayores:* idosos
*Pertenecer:* pertencer
*Pesado(a)/(os)/(as):* pesado(a)/(os)/(as)
*Pescado:* peixe (morto)
*Pescar:* pescar
*Pez:* peixe (vivo)
*Picadura:* picada de inseto
*Picnic:* piquenique
*Piedras preciosas:* pedras preciosas
*Piel:* pele
*Pila:* bateria (pilha)
*Píldora:* pílula
*Pileta (Argentina) cubierta:* piscina coberta
*Pileta (Argentina):* piscina; pia
*Piscina cubierta:* piscina coberta
*Piscina:* piscina
*Piso:* chão
*Pista (España) de baloncesto/básquetbol:* quadra de basquete
*Pista (España) de tenis:* quadra de tênis
*Pista (España):* quadra de esportes
*Pista de patinaje:* rinque de patinação
*Plancha:* ferro de passar roupa
*Planchar:* passar a ferro
*Planta baja:* térreo
*Plato principal:* prato principal
*Plato:* prato (culinária)
*Playa:* praia
*Plaza de comidas:* praça de alimentação
*Plaza:* praça
*Plomero (Argentina):* encanador
*Policía:* polícia
*Polirrubro (Argentina):* loja de conveniências
*Póliza de seguros:* apólice de seguro
*Pomada:* graxa (para sapatos)
*Poner; colocar:* pôr; colocar
*Por lo menos:* pelo menos
*Porción:* porção

GLOSSÁRIO ESPANHOL / PORTUGUÊS

*Portafolio (América Latina):* maleta de mão
*Portero:* porteiro
*Postre:* sobremesa
*Precio de la habitación:* diária de hotel
*Precio:* preço
*Precisar:* precisar
*Preferido(a)/(os)/(as); favorito(a)/(os)/(as):* preferido(a)/(os)/(as)
*Pregunta:* pergunta
*Presentar:* apresentar
*Prestar:* emprestar
*Primavera:* primavera
*Probador:* provador (lojas)
*Prohibido estacionar:* proibido estacionar
*Pronóstico del tiempo:* previsão do tempo
*Pronto:* logo
*Propina:* gorjeta
*Puente:* ponte
*Puerta:* portão
*Puerto:* porto
*Puesta de sol:* pôr-do-sol
*Pulga:* pulga
*Pulsera:* pulseira
*Punto de encuentro:* ponto de encontro
*Púrpura:* roxo(a)/(os)/(as)

# Q

*Quedarse:* ficar
*Quejas:* reclamações
*Quien:* quem
*Quiosco (de revistas y periódicos):* banca de jornal
*Quizá:* talvez

# R

*Rápido(a)/(os)/(as):* rápido(a)/(os)/(as)
*Rápido:* depressa
*Raqueta:* raquete
*Raro(a)/(os)/(as); extraño(a)/(os)/(as):* estranho(a)/(os)/(as)
*Rastrillo (México):* barbeador
*Ratón (Venezuela):* ressaca
*Rebaladizo; resbaloso (América Latina):* escorregadio(a)/(os)/(as)
*Recado:* recado
*Recepción:* recepção
*Receta de cocina:* receita culinária
*Receta médica:* receita médica
*Rechazar:* recusar
*Recibo:* recibo
*Reclamos:* reclamações
*Recoger:* buscar (pegar alguém em algum lugar)
*Recomendar:* recomendar
*Recuerdo:* lembranças
*Recuerdo:* suvenir (lembrança; recordação)
*Red informática:* web
*Reembolso:* reembolso
*Regalo:* presente
*Región:* região
*Registrarse en el hotel:* fazer o check-in no hotel
*Registro (Argentina) de conductor:* carteira de motorista
*Rehusar:* recusar
*Reina:* rainha
*Reír(se):* rir
*Religión:* religião
*Rellenar:* preencher (formulário, ficha)

*Reloj de pared/mesa:* relógio de parede/mesa
*Reloj pulsera:* relógio de pulso
*Remedio:* remédio
*Remolcar:* guinchar; rebocar
*Remolcar:* rebocar
*Remolque:* guincho (veículo)
*Reparar:* consertar
*Reparo:* conserto
*Reposera (América):* espreguiçadeira
*Resaca:* ressaca
*Reserva:* reserva
*Reservar:* reservar (mesa, hotel)
*Retirar:* sacar
*Revista:* revista
*Riachuelo:* riacho
*Río:* rio
*Robado(a)/(os)/(as):* roubado(a)/(os)/(as)
*Robar:* roubar
*Robo:* roubo
*Rojo:* vermelho
*Ropa de cama:* roupa de cama
*Ropa:* roupas
*Rótulo:* rótulo
*Ruidoso(a)/(os)/(as):* barulhento(a)/(os)/(as)

# S

*Sábado:* sábado
*Sábanas:* lençóis
*Saber:* saber
*Sacacorchos:* saca-rolhas
*Sacar fotos:* tirar fotografias
*Sacar:* sacar
*Saco de dormir:* colchão de dormir
*Sala de embarque:* sala de embarque

*Sala de espera:* sala de espera
*Sala de juegos:* salão de jogos
*Salida de emergencia:* saída de emergência
*Salida:* saída
*Salir:* sair; deixar
*Salto de agua:* cachoeira
*Salud:* saúde
*¡Salud!:* saúde! (ao fazer um brinde)
*Saludos:* saudações
*Salvavidas:* salva-vidas
*Sándwich:* sanduíche
*Sandwichería:* lanchonete
*Sangrar:* sangrar
*Sauna:* sauna
*Secador de pelo:* secador de cabelo
*Sector de no fumadores:* área para não fumantes
*Seda:* seda
*Seguridad:* segurança
*Seguro médico:* seguro-saúde
*Seguro total:* seguro total
*Seguro(a)/(os)/(as):* seguro(a)/(os)/(as)
*Seguro:* seguro (de carro, casa etc.)
*Sello (España):* selo
*Semáforo:* semáforo
*Semana:* semana
*Señal (vial):* placa
*Sentar(se):* sentar
*Separado(a)/(os)/(as):* separado(a)/(os)/(as)
*Septiembre:* setembro
*Servicio de despertador:* serviço de despertador
*Servicio de habitación:* serviço de quarto
*Servicio:* toalete

*Servilleta de papel:* guardanapo de papel
*Servilleta:* guardanapo
*Shampú:* xampu
*Shopping:* shopping
*Show:* espetáculo
*Siempre:* sempre
*Silencia:* silêncio
*Silencioso(a)/(os)/(as):* silencioso(a)/(os)/(as)
*Silla de ruedas:* cadeira de rodas
*Silla:* cadeira
*Sin:* sem
*Sinagoga:* sinagoga
*Sitio en la internet:* site na internet
*Sitio:* local
*Smoking:* smoking
*Sobre:* envelope
*Socorrista:* salva-vidas
*Soleado(a)/(os)/(as):* ensolarado(a)/(os)/(as)
*Solo(a)/(os)/(as):* sozinho(a)/(os)/(as)
*Soltero(a):* solteiro(a)
*Sombrero:* chapéu
*Souvenir:* lembranças
*Souvenir:* suvenir (lembrança; recordação)
*Subir (aire acondicionado, radio):* aumentar
*Subte (Argentina):* metrô
*Subtítulos:* legendas (filme)
*Sucio(a)/(os)/(as):* sujo(a)/(os)/(as)
*Sud:* sul
*Suelto(a):* largo(a) (roupas)
*Sugerir:* sugerir
*Suma:* quantia
*Supermercado:* supermercado
*Supervisar:* supervisionar
*Sur:* sul
*Surtidor:* bomba de gasolina

# T

*Tacho de basura:* lata de lixo
*Talco:* talco
*Taller mecánico:* oficina mecânica
*Talón de cheques:* talão de cheques
*Talvez:* talvez
*Tamaño:* tamanho
*Tapado(a)/(os)/(as):* entupido(a)/(os)/(as)
*Taquilla:* bilheteria (cinema, teatro)
*Tarjeta de crédito:* cartão de crédito
*Tarjeta de embarque:* cartão de embarque
*Tarjeta postal:* cartão-postal
*Tarro (México y Venezuela):* caneca
*Tasa de cambio:* taxa de câmbio
*Tasa:* taxa
*Taxi:* táxi
*Taza:* caneca; xícara
*Teatro:* teatro
*Techo corredizo:* teto solar
*Tela:* tecido
*Telefonear:* telefonar
*Telefonista; operador(a):* telefonista
*Teléfono celular:* telefone celular
*Teléfono móvil:* telefone celular
*Teléfono público:* telefone público
*Teléfono:* telefone
*Televisión a cable:* televisão a cabo
*Televisión:* televisão (sistema)
*Televisor:* televisão (aparelho)
*Temperatura:* temperatura

*Temprano:* cedo
*Tenedor:* garfo
*Tener:* ter
*Tentenpié:* lanche
*Termómetro:* termômetro
*Tiempo libre:* tempo livre
*Tiempo:* tempo (clima)
*Tienda de antigüedades:* antiquário
*Tienda de conveniencia (España):* loja de conveniências
*Tienda de regalos:* lojinha de presentes (em hotéis)
*Tienda:* barraca
*Tienda; negocio (Argentina):* loja
*Tijera:* tesoura
*Tipo sanguineo:* tipo de sangue
*Tirar la cadena:* dar descarga
*Toalla:* toalha
*Toilette:* toalete
*Tostadora:* torradeira
*Traducción:* tradução
*Traducir:* traduzir
*Traer:* trazer
*Tráfico:* tráfego
*Traje de baño:* maiô; roupa de banho
*Traje de buzo:* roupa de mergulho
*Traje:* terno
*Transbordador:* balsa
*Transbordo:* baldeação
*Tránsito:* tráfego
*Trapo:* pano
*Travesía:* travessia
*Tren:* trem
*Tripulación:* tripulação
*Tumbona (España):* espreguiçadeira
*Túnel:* túnel
*Turista:* turista

**U**

*Ubicación:* localização
*Último(a)/(os)/(as):* último(a)/(os)/(as)
*Unidad:* unidade
*Uniforme:* uniforme
*Usar:* usar
*Útil; útiles:* útil, úteis

**V**

*Vacaciones:* férias
*Vacío(a)/(os)/(as):* vazio(a)/(os)/(as)
*Vajilla:* louça
*Vale:* vale (comprovante de pagamento)
*Valet parking (América Latina):* serviço de manobrista
*Válido(a)/(os)/(as):* válido(a)/(os)/(as)
*Valija (Argentina):* mala
*Valor:* valor
*Vaso:* copo
*Vegetariano(a)/(os)/(as):* vegetariano(a)/(os)/(as)
*Vela:* vela
*Velero:* veleiro
*Veneno:* veneno
*Venenoso(a)/(os)/(as):* venenoso(a)/(os)/(as)
*Ventana:* janela
*Ventanilla:* bilheteria (estação de ônibus, trem)
*Ventilador:* ventilador
*Ver:* ver
*Verano:* verão
*Verdadero(a)/(os)/(as):* verdadeiro(a)/(os)/(as)

*Verde:* verde
*Vereda (Argentina y Perú):* calçada
*Verificar:* verificar
*Vestíbulo:* hall de entrada
*Viajar por negocios:* viajar a negócios
*Viajar:* viajar
*Viaje de negocios:* viagem de negócios
*Viaje de vacaciones:* viagem de férias
*Viaje:* viagem
*Viejo(a)/(os)/(as):* velho(a)/(os)/(as)
*Viernes:* sexta-feira
*Vino blanco:* vinho branco
*Vino tinto:* vinho tinto
*Vino:* vinho
*Violeta:* roxo(a)/(os)/(as)
*Visa:* visto de entrada
*Visado:* visto de entrada

*Visitar:* visitar
*Vivir:* morar
*Voltaje:* voltagem
*Vomitar:* vomitar
*Vuelo chárter:* vôo fretado
*Vuelo sin escalas:* vôo sem escalas
*Vuelo:* vôo

# W

*web:* web

# Y

*Yate:* iate

# Z

*Zambullirse:* mergulhar
*Zoológico:* zoológico

MAPAS
MAPAS

# Bandeiras de Alguns Países Hispanofalantes

**Bandeiras de alguns países hispanofalantes**
*Banderas de algunos países hispanohablantes*

ARGENTINA

ESPAÑA

PARAGUAY

CHILE

GUATEMALA

PERÚ

ECUADOR

MÉXICO

URUGUAY

# Mapa dos países latino americanos de língua espanhola

▓ Países de língua espanhola

☐ Países de língua não-espanhola

# Guia do Áudio

## Pista 1: Primeros Contactos
*Saludos* p. 13
*Para despedirse* p. 14
*Para presentarse a sí mismo* p. 14
*Para pedir información personal* p. 15
*Preguntas y frases útiles* p. 16
*Expresiones usuales* p. 17
*Diálogo: ¿Cómo está el tiempo hoy?* p. 19
*Hablando del tiempo* p. 19
*El pronóstico del tiempo* p. 20
*El tiempo: cómo te sientes* p. 21
*Ruidos en la comunicación* p. 21
*El abecedario: cómo se pronuncia* p. 22
*Diálogo: ¿Puede deletrearlo, por favor?* p. 23

## Pista 2: Aeropuerto & Avión y otros medios de transporte
*Diálogo: Facturación en el aeropuerto* p. 25
*En el aeropuerto: frases del/de la atendiente* p. 26
*En el aeropuerto: frases del pasajero* p. 27
*En el aeropuerto: las preguntas del/de la aduanero(a)* p. 28
*Pasando por la aduana: Las respuestas del visitante* p. 28
*En el avión: frases de la tripulación* p. 32

En el avión: las frases del pasajero   p. 34
Llendo del aeropuerto al hotel   p. 35
Tomando un taxi   p. 37
Diálogo: Alquilando un auto   p. 38
Alquilando un auto: Frases del atendiente   p. 38
Alquilando un auto: Frases del turista   p. 39
En la gasolinera (España)/estación de servicio (Argentina)   p. 41
Problemas con el auto   p. 42

## Pista 3: Alojamiento y Hospedaje

Reservando hotel por teléfono   p. 53
Tipos de alojamiento e instalaciones   p. 54
Registrándose en el hotel   p. 55
En el hotel: servicio de habitación   p. 56
En el hotel: problemas en la habitación   p. 57
Diálogo: Problemas con el aire acondicionado   p. 58
En el hotel: pedidos y necesidades   p. 58
En el hotel: dejando la habitación   p. 60
Para preguntar cómo se llega a un lugar   p. 61
Diálogo: Preguntando cómo se llega a un lugar   p. 62
Para explicar cómo se llega a un lugar   p. 62
Llamadas telefónicas: pidiéndole ayuda a la telefonista   p. 63
Llamadas telefónicas: expresiones frecuentes   p. 64

## Pista 4: Alimentación

Diálogo: Buscando un lugar para comer   p. 67
Buscando un lugar para comer: frases frecuentes   p. 68
Llegando al restaurante   p. 69
En el restaurante: pidiendo el menú   p. 69
En el restaurante: frases del camarero   p. 70
En el restaurante: haciendo el pedido   p. 70
En el restaurante: pidiendo las bebidas   p. 71
En el restaurante: otros pedidos y comentarios   p. 72
Comentarios al final de la comida/de sobremesa   p. 73
Diálogo: En la café   p. 74

## Pista 5: Atracciones Turísticas & Ocio y Entretenimiento
*Diálogo: ¿Qué me recomienda visitar?* p. 89
*Planeando un paseo turístico por la ciudad* p. 90
*Durante el paseo turístico* p. 90

## Pista 6: Haciendo Compras
*Diálogo: En la zapatería* p. 99
*Comprando ropa y zapatos: frases del vendedor* p. 100
*Comprando ropa y zapatos: frases del cliente* p. 101
*Comprando ropa y zapatos: comentarios del cliente* p. 102
*Haciendo compras en el supermercado* p. 103
*Presentando una queja sobre algo que has comprado* p. 105
*Cambiando dinero* p. 107
*Tiendas y servicios: frases usuales* p. 113
*En el correo: frases usuales* p. 113
*Haciendo compras en la farmacia* p. 115

## Pista 7: Salud y Emergencias
*Diálogo: Una consulta médica* p. 119
*Una consulta médica* p. 120
*Explícandole al médico cómo te sientes* p. 121
*Una visita al dentista* p. 126
*Emergencias: frases útiles* p. 127

## Como acessar o áudio 🎵

Todo o conteúdo em áudio referente a este livro, você poderá encontrar em qualquer uma das seguintes plataformas:

**Spotify**

**DEEZER**

Ao acessar qualquer uma dessas plataformas, será necessário a criação de uma conta de acesso (poderá ser a versão gratuita).
Após, pesquise pelo título completo do livro, ou pelo autor ou ainda por **Disal Editora**, localize o álbum ou a playlist e você terá todas as faixas de áudio mencionadas no livro.
Para qualquer dúvida, entre em contato com **marketing@disal editora.com.br**

**IMPORTANTE:**
Caso você venha a encontrar ao longo do livro citações ou referências a CDs, entenda como o áudio acima indicado.

Este livro foi composto na fonte Whitney e
impresso em outubro de 2019 pela Paym Gráfica Editora Ltda.,
sobre papel offset 75g/m$^2$.